Vive l'action!
Live Action French

Contee Seely
et
Elizabeth Kuizenga Romijn

Edition du millenium

Avant-Propos de **James J. Asher**

Traduit de l'anglais
par
Lia Raileanu
et
Jean-Paul Raffinot

Illustré par **Elizabeth Kuizenga Romijn**

Command Performance Language Institute
1755 Hopkins Street
Berkeley, CA 94707
U.S.A.
(510) 524-1191
Fax: (510) 524-5150
E-mail: consee@aol.com

Vive l'action!
est publié par le
Command Performance Language Institute,
spécialisé dans
le domaine de la Réponse Physique Totale
et autres ouvrages
concernant l'acquisition et
l'enseignement des langues.

Vive l'action!
is published by the
Command Performance Language Institute,
which features
Total Physical Response products
and other fine products
related to language acquisition
and teaching.

Pour vous procurer d'autres exemplaires
de *Vive l'action!*
contactez les distributeurs mentionnés p. 152.

To obtain copies of *Vive l'action!*,
contact one of the distributors
listed on page 152.

Publication originale : août 1989
Seconde impression : octobre 1994
Edition du millenium : juin 2000

First published August, 1989
Second printing October, 1994
Millennium edition June, 2000

Copyright © 1989, 2000 par Contee Seely et Elizabeth Romijn. Tous droits réservés. Toute reproduction ou tranmission, même partielle, de cet ouvrage est interdite. Une copie ou reproduction par quelque procédé que ce soit : photocopie, microfilm, bande magnétique, disque ou autre, constitue une contrefaçon.

Copyright © 1989, 2000 by Contee Seely and Elizabeth Romijn. All rights reserved. No part of this book may be reproduced or transmitted in any form or by any means, electronic or mechanical, including photocopying, recording or by any information storage and retrieval system, without permission in writing from one of the authors.

Imprimé aux U.S.A. sur papier recyclé à 50%, sans acide avec de l'encre à base de soya.

Printed in the U.S.A. on 50% recycled, acid-free paper with soy-based ink.

ISBN 0-929724-02-X

TABLE DES MATIÈRES

Pour le professeur:
Avant-propos/Foreword	iv
Préface/Introduction	vi
Processus général pour la dramatisation de chaque série/ General Procedures for Enacting Each Series	xvi
Comment utiliser ce livre avec les débutants/ Using This Book with Very Low Beginners	xxxii
Comment utiliser ce livre avec les élèves des écoles elementaires et secondaires/ Using This Book with Elementary and Secondary School Students	xxxiv
Adaptations creatives/Creative Adaptations	xl
Un chèque de voyage	xlvi

2-3	Lavez-vous les mains		78-79	Allez au cinéma
4-5	La bougie		80-81	Faites une liste d'achats
6-7	Allez chez vous		82-83	Au supermarché
8-9	Le fromage		84-85	Donner les directions
10-11	Le ballon		86-87	Une coupe de cheveux
12-13	Le chewing-gum		88-89	Mangez des oranges
14-15	Un jeu : l'objet dissimulé		90-91	Une journée pluvieuse
16-17	Les vitamines		92-93	Un voyage en bus peu confortable
18-19	Taillez votre crayon		94-95	Faites un feu
20-21	Le hoquet		96-97	Allez vous baigner
22-23	Achetez un manteau		98-99	Une tartine de pain grillé
24-25	Un verre de lait		100-101	Un oiseau
26-27	Faites un paquet cadeau		102-103	Une belle journée
28-29	Bonjour!		104-105	Une boum
30-31	Vous tombez malade		106-107	Nettoyez la maison
32-33	L'employé de bureau		108-109	Sortez en voiture
34-35	Cousez un bouton		110-111	Le chien
36-37	Peignez un tableau		112-113	Se faire beau pour sortir
38-39	Prenez l'avion		114-115	Se faire belle pour sortir
40-41	Ecouter une cassette		116-117	À la laverie automatique
42-43	Le restaurant		118-119	Rendez-vous chez le médecin
44-45	Ouvrez un cadeau		120-121	Mettez-vous des gouttes dans les yeux
46-47	Une chemise chiffonnée		122-123	Fixez un porte-serviettes
48-49	La glace et la télé		124-125	Prenez le train
50-51	Occupez-vous d'un bébé		126-127	Prenez des photos
52-53	Un verre brisé		128-129	Construisez une table
54-55	Un aller-retour de la terre à la lune		130-131	Faites de l'alpinisme
56-57	Jouons au ballon		132-133	Préparez votre petite déjeuner
58-59	Des céréales pour le petit dejeuner		134-135	Un costume pour le carnaval
60-61	Utilisez une cabine téléphonique		136-137	Le réveillon de Noël
62-63	De la soupe pour dîner		138-149	Liste des accessoires utilisés/ List of Props Used
64-65	Changez une ampoule		150	Correspondances de pages/ Page Correspondences: *Vive l'action!* ➔ *Action English Pictures*
66-67	Un genou ensanglanté			
68-69	Des œufs brouillés			
70-71	Un chèque de voyage			
72-73	Une assiette cassée			
74-75	Un tour de magie			
76-77	Vous allez écrire une lettre		152	Distributeurs/Distributors

AVANT-PROPOS
[à l'édition de langue anglaise]

Après vingt ans de recherche, nous sommes arrivés à la conclusion suivante : l'apprentissage d'une langue étrangère devient beaucoup plus efficace lorsque les élèves/étudiant(e)s répondent aux injonctions de l'enseignant par des actions adéquates, par des mouvements corporels. En [français], par exemple, il ne suffit pas que les élèves/étudiant(e)s comprennent le sens de *levez-vous* ou *asseyez-vous*. Ils doivent créer leur propre réalité en se levant quand ils entendent « levez-vous » et en s'asseyant quand ils entendent « asseyez-vous ». Dans ce livre, les leçons sont basées, essentiellement, sur ce principe (en second lieu, elles sont fondées sur la découverte de Gouin, qui consiste à aider la mémorisation par des séries d'action).

Les auteurs ne présupposent en rien que les élèves/étudiants qui utiliseront ce livre ignorent tout du [français]. Ils ne présupposent pas non plus que le professeur n'utilisera aucun autre matériel didactique, que celui qui est proposé dans ce livre. En ce qui concerne les véritables débutants, nous avons découvert que les meilleurs résultats étaient obtenus lorsqu'ils commençaient par écouter en silence les injonctions dans la langue étrangère et à répondre par des actions adéquates. Il importe que la parole soit ajournée, jusqu'à ce que la compréhension soit pleinement intériorisée. Ensuite seulement, avec le développement d'une meilleure compréhension, la parole se manifeste spontanément. Bien entendu, comme chez les petits enfants qui apprennent leur langue maternelle, les premières manifestations du discours sont parsemées d'erreurs. Mais peu à peu, en temps voulu, grâce à l'habileté de l'entraînement du professeur, la parole de l'élève/étudiant prend les formes correctes de la langue étrangère. Le processus recommandé dans ce livre permet un développement précis de cet entraînement. Il va également constituer une aide efficace, pour les étudiants qui n'ont pas eu la chance de commencer leur apprentissage de langue étrangère, par une approche aussi dynamique, que celle qui vous est présentée dans cet ouvrage.

La publication de ce livre [en langue anglaise] est d'autant mieux accueillie, qu'il s'agit du premier manuel scolaire, dans le monde anglophone, à utiliser la Réponse Physique Totale.

James J. Asher
février 1979

FOREWORD

In 20 years of research we have found that when students respond with appropriate actions to commands, their learning is far more efficient and their involvement fuller than if they do not move. In English, for example, it is not enough for students to understand the meaning of *stand up* and *sit down*. They must construct their own reality by physically standing when they hear "stand up" and sitting when they hear "sit down." The lessons in this book are based, first and foremost, on this principle (Secondarily they are based on Gouin's discovery that series help the memory.).

The authors do not assume that the students who use this book know no English. Nor do they assume that the instructor will do nothing more than use the material here presented. With students who are beginning at the lowest levels, we have discovered that an optimal format is for them to start by silently listening to directions in the target language and responding with appropriate actions. Speaking from students is delayed until comprehension has been thoroughly internalized. Eventually, as comprehension of the target language expands and expands, talk will spontaneously appear. Of course, like infants learning their first language, when speech appears, there will be many distortions. But gradually, in time, with the skillful coaching of the instructor, student speech will shape itself in the direction of the native speaker. The procedures recommended in this book are one well-developed way to provide this coaching and will also help students who have not had the good fortune to begin their language learning with this exciting approach.

The publication of this book is especially welcome, as it is the first student text that makes use of Total Physical Response to be published in the English-speaking world.

James J. Asher
February, 1979

PRÉFACE

Ce livre est constitué de 68 séries d'injonctions auxquelles vont répondre, en actions, chaque membre d'une classe, dans une mise en situation vivante. Ces séries peuvent servir à pratiquer un grand nombre de formes verbales en plus des formes impératives (voir « Adaptations créatives », numéros 1 et 2 p. *xl*); c'est pourquoi elles pourront s'utiliser aussi bien au niveau débutant qu'au niveau intermédiaire. *Vive l'action!* n'est pas un cours complet mais il pourra s'associer parfaitement à tous les autres types de méthodes pédagogiques. Il est particulièrement bien adapté aux classes de niveaux mélangés, du fait que les étudiants des deux premiers niveaux, et même de niveau avancé, s'investissent dans chacune des séries avec une participation totale.

Ce livre est également utile lorsqu'un étudiant joint un cours déjà commencé, parce qu'il lui propose un nouveau champ lexical à chaque session (ou couple de sessions), sur lequel peut se fonder la (ou les) leçon(s) de grammaire, à plusieurs reprises sur des vocabulaires différents. En général, les étudiants ne sont pas gênés par les répétitions parce que le contexte est toujours différent. En tout cas, les nouveaux venus, ou ceux qui ne peuvent pas suivre tous les cours, s'adaptent à la leçon que vous proposez, parce qu'aucune leçon ne suppose que le vocabulaire soit déjà connu; ce vocabulaire est nouveau et s'apprend complètement à chaque leçon, avant d'aborder un quelconque point de grammaire (voir « Adaptations créatives », numéros 1 et 2 p. *xl*). Ceux qui peuvent suivre chaque session apprennent plus rapidement, parce qu'ils s'entraînent au même point de grammaire, à plusieurs reprises, dans des contextes différents. Ils parviennent à acquérir ces structures d'une façon qui ressemble plus à l'apprentissage de la langue maternelle qu'avec d'autres méthodes pédagogiques.

Beaucoup d'étudiants en français sont découragés quand ils découvrent la différence entre le langage qu'ils ont appris en classe et le langage usuel en France. *Vive l'action!* contient de nombreux termes pratiques en langage parlé, que l'on ne trouve pas souvent dans les manuels scolaires. Nous avons soigneusement adapté le livre au contexte français et rédigé spécialement plusieurs leçons pour l'édition française.

UNE APPROCHE PEU COMMUNE. Seuls quelques groupes de professeurs sont actuellement entraînés à travailler sur ces séries d'actions de manière aussi profitable que possible. Les leçons peuvent être utilisées dans n'importe quel ordre. Il vous est cependant recommandé de commencer avec les plus simples, les plus courtes, celles qui vous semblent les plus évidentes. Les 18 premières leçons (pp. 2-37) constituent certainement l'étape initiale.

Les professeurs qui ne sont pas encore familiarisés à la méthode trouveront peut-être inhabituels, au début, certains aspects de l'organisation du cours. Pendant la présentation (étape 2, « Processus », pp. *xx* et *xxii*) les étudiants restent silencieux : ils écoutent et observent les actions de l'enseignant. Ce silence peut paraître étrange, mais il est indispensable à l'écoute et à la compréhension; on obtiendra, par la suite, une meilleure prononciation. À l'étape finale (n° 7, pp. *xxviii* et *xxx*), les étudiants travaillent dans un brouhaha effrayant, chaotique en apparence, mais qui s'avère parfaitement efficace, offrant à chaque élève/étudiant beaucoup plus de possibilités de participer à des situations de communication réelle que dans un cours de langue traditionnel. Autre aspect inhabituel : l'expression émotionnelle, le jeu

INTRODUCTION

This book consists of 68 series of commands which are actually put into action by every member of a class, thereby creating live situations. These series can be used to practice a wide variety of French verb forms besides the command forms (see "Creative Adaptations," numbers 1 and 2 on p. *xli*) and are thus suitable for use on the intermediate as well as the beginning level. *Vive l'action!* is not a complete course but combines extremely well with all sorts of other materials. It is particularly well-suited to the multi-level class, because students at both levels—and often advanced students too—learn with full involvement in every series.

It is also excellent for open-enrollment classes for adults, because it provides a new set of vocabulary words each class session (or couple of sessions) on which can be based the same grammar lesson or lessons time after time. The regular students never feel that the class is at all repetitive, because the context is always new. However, newcomers, or people who cannot get to every class session, can pick up wherever you are on the day they come, because the lessons are not based on the assumption that the vocabulary is already understood; the vocabulary is new and learned thoroughly by everyone in the class, each day, before any grammar points are tackled. (See "Creative Adaptations," pp. *xli*, nos. 1 and 2.) The people who do come to each session learn faster, because they practice the same points again and again in each context, thus acquiring these structures in a way that more closely approximates first language acquisition than do most classroom activities.

Many students of French are discouraged when they discover a gap between the language they have studied in the classroom and what they hear being used every day in France. *Vive l'action!* contains a great deal of practical colloquial language not found in other texts. We have carefully adapted the text to the French milieu and have written several lessons specifically for this French edition.

AN UNUSUAL APPROACH. Very few groups or teachers are accustomed to working in the manner in which these series are most profitably used. So, although the lessons may be used in any order, we recommend that you start with some of the simpler, briefer, more obvious ones. The first 18 lessons (pp. 2-37) are especially appropriate for this purpose.

Some teachers who are new to this approach will find certain things about the classroom procedures unusual and a little uncomfortable at first. During the presentation (step 2, "Procedures," pp. *xxi* and *xxiii*) the students remain silent while listening and watching the action. This silence can seem strange but is necessary for good hearing and comprehension and subsequent pronunciation. In the final step (the 7th, pp. *xxix* and *xxxi*) all the students practice in a tremendous babble that often appears chaotic but is actually very efficient, allowing each student far more opportunity for real communication than in the usual language class. Another unusual aspect is the emotional expression, exaggerated action and theatrical drama required of the instructor.

HISTORICAL BASIS. The approach on which this book is based has its roots in the work of Frenchman François Gouin, Englishman Harold E. Palmer and American James J. Asher. Gouin published *L'art d'enseigner et d'étudier les*

théâtral, souvent exagéré, de l'enseignant, la dramatisation nécessaire à la présentation des actions.

L'ORIGINE DE LA MÉTHODE. Ce livre est fondé sur une méthode qui trouve ses racines dans les travaux du Français François Gouin, de l'Anglais Harold E. Palmer et de l'Américain James J. Asher. Gouin a publié *L'art d'enseigner et d'étudier les langues*[1] en 1880. Il a présenté une description détaillée de l'utilisation des séries, sans mentionner d'accompagnement gestuel ou de dramatisation. Touten soulignant les mérites de Gouin, H. Palmer, dans son *English through Actions*[2] met en évidence l'importance de l'action. Asher (qui a écrit l'avant-propos de ce livre) a clairement prouvé, après 30 ans de recherches, l'extrême efficacité de la « Réponse Physique Totale », avec des étudiants de tous les âges. En tant que psychologue à l'Université de San José, il a publié de nombreux articles décrivant ses recherches, ainsi qu'un livre intitulé *Learning Another Language Through Actions: The Complete Teacher's Guidebook.*[3] Il a produit aussi plusieurs films (actuellement disponibles en vidéo chez Sky Oaks Productions; voir p. 152), dans lesquels il fait la démonstration de cette méthode.

BASES THÉORIQUES DE LA RÉPONSE PHYSIQUE TOTALE. Pour en donner une idée très succinte, nous dirons que la méthode d'Asher repose, en ce qui concerne la pédagogie du langage, sur trois principes de bases:

- La compréhension doit précéder la parole : pour l'étudiant, il importe d'avoir compris avant d'énoncer.
- La compréhension devrait s'effectuer de manière corporelle, surtout (mais pas uniquement), en réponse à des impératifs.
- On ne devrait pas encourager un(e) étudiant(e) à parler tant qu'il (elle) n'y est pas prêt(e).[4]

Asher pense que la plupart des méthodes sont sources de stress et de frustration, parce qu'elles demandent à l'étudiant(e) d'énoncer des phrases qui n'ont pas encore été suffisamment assimilées. La réponse physique à des injonctions est un moyen très efficace, pour préparer à parler *sans stress et sans frustration.*

AVANTAGES DES SÉRIES. Parmi les nombreux avantages que présente l'utilisation des séries dans l'acquisition/l'étude d'une langue, on retiendra essentiellement que : (1) Les séries facilitent la mémorisation, ainsi que Gouin l'avait noté. Des études psychologiques, récemment effectuées, comparent la mémorisation des listes de mots non-séquentielles, avec des séquences logiquement enchaînées. De telles études ont vu le jour grâce aux observations faites par Gouin, il y a un siècle. (2) Les séries constituent un contexte pour le sens. (3) Les séries sont des situations inspirées de la vie de tous les jours. La participation et la motivation des

---

[1] Paris: Librairie Fischbacher, Traduction anglaise par H. Swan et V. Betis, *The Art of Teaching and Studying Languages*, Londres; Philip, 1892.
[2] En collaboration avec sa fille Dorothée Palmer: Tokyo: Institut de Recherches de l'Enseignement des Langues, 1925. Edition légèrement modifiée: Londres, Longman, 1959.
[3] Los Gatos, Calif.: Sky Oaks Productions, 6ième édition, 2000.
[4] Ibid., page 2-4.

langues[1] in 1880. He gave a detailed description of the use of series without making mention of enacting them. In Palmer's *English through Actions*[2] debt was paid to Gouin and action was brought into prominence. Asher (who wrote the foreword to this book) has done nearly 30 years of research which has clearly established the high effectiveness of Total Physical Response with students of all ages. A psychologist at San José State University, he has published numerous articles describing his research and a book entitled *Learning Another Language Through Actions: The Complete Teacher's Guidebook*,[3] as well as producing several films (now available as videos from Sky Oaks Productions; see p. 152) which demonstrate this approach.

THE BASICS OF TPR. Briefly, the three keys ideas of Asher's approach to language instruction are that:
- Understanding the spoken language should precede speaking.
- Understanding should be developed through movements of the student's body, especially (but not only) in response to imperatives.
- Speaking should not be encouraged until the student is ready for it.[4]

Asher feels that most approaches cause stress and frustration by requiring students to speak before they are ready to. Responding physically to commands is an extremely efficient way to achieve readiness to speak *without causing stress or frustration*.

ADVANTAGES OF SERIES. Among the many advantages of using series in language acquisition/learning are the following: (1) Series facilitate remembering, as Gouin noted. Recent psychological studies have compared the memorization of lists of non-sequential items with logically connected sequences. Such studies have born out Gouin's observations of a century ago. (2) Series provide a context for meaning. (3) Series are life-like situations. The more life-like the situation, the more engaging and motivating it is. (4) While series are good for learning lots of things, they are especially good for expanding students' repertoires of verbs.

PRACTICAL ADVANTAGES OF IMPERATIVES. There is an additional advantage to sequences of imperatives for students who have jobs or expect to get them soon. Commands are used with great frequency in most, if not all, job areas. A research project done in Texas[5] showed that in over 4,000 oral samples of language on the job *a full 40% involved imperatives!* The samples were gathered from 12 diverse fields of work, including business, welding, health, food service and auto mechanics. The same study also indicated that *most verbs are useful in all vocations*, whereas nouns tend to be specific to a particular occupation. These findings strongly suggest that learning series of commands is highly useful to students involved in a variety of activities.

---

[1] Paris: Librairie Fischbacher; English translation by H. Swan and V. Bétis, *The Art of Teaching and Studying Languages*, London: Philip, 1892.
[2] Co-authored by his daughter, Dorothée Palmer, Tokyo: Institute of Research in Language Teaching, 1925; slightly revised later edition: London: Longman, 1959.
[3] Los Gatos, Calif.: Sky Oaks Productions, 6th ed., 2000.
[4] Ibid., page 2-4.
[5] In 1979-80 by the Resource Development Institute of Austin, under the direction of Mary Galvan.

élèves/étudiants sont en rapport direct, avec le rapprochement de la situation à la vie réelle. (4) Les séries facilitent l'acquisition de beaucoup d'aspects de la langue, mais surtout l'acquisition du répertoire des verbes.

AVANTAGES PRATIQUES DES IMPÉRATIFS. Un autre avantage des séquences d'impératifs est de nature professionnelle, pour les étudiants qui ont un emploi, ou qui en cherchent un. Les injonctions, donc les impératifs, sont utilisées avec une fréquence très élevée dans la plupart, si ce n'est dans tous les milieux professionnels. Une étude réalisée au Texas[5] montre, de manière étonnante, que sur 4000 échantillons de discours en milieu professionnel, *40% contenaient des impératifs!* L'étude a été menée sur douze milieux professionnels, aussi divers que les affaires, la souderie, la santé, la restauration et la mécanique automobile. La même étude indique aussi, que *la plupart des verbes de la langue sont utiles dans tous les domaines professionnels*, alors que les noms ont tendance à appartenir spécifiquement à un type particulier de profession. Ces découvertes suggèrent que l'apprentissage des séries d'injonctions est extrêmement utile pour les étudiants qui sont engagés dans des types variés d'activités.

HISTOIRE DE LA PUBLICATION. *Live Action English* a été publié pour la première fois en 1979. Jusqu'ici, son étonnant succès a entrainé 15 éditions. Deux ans après la publication de *Live Action English* aux Etats Unis, on a publié une édition britannique.[6] Au total, plus de 50.000 exemplaires de l'édition de langue anglaise ont été publiés jusqu'à présent. En 1985, on a également produit 2 cassettes de *Live Action English*. Le matériel a été développé dans des cours d'anglais, assez souvent d'espagnol, pour des adultes. D'une façon surprenante aussi, la version anglaise a été largement utilisée dans des écoles primaires et secondaires, ainsi qu'à l'université. Le livre s'est également révélé parfaitement adapté à des étudiants de très nombreuses nationalités et dans le monde entier — les Etats-Unis, le Canada, la Chine, la Corée, la Thaïlande, le Japon, les Philippines, l'Indonésie, l'Australie, le Brésil, la plus grande partie de l'Amérique Latine, l'Espagne, la France, l'Allemagne, l'Autriche, la Grande Bretagne, l'Italie, Israël, le Maroc, le Nigéria et beaucoup d'autres endroits — avec un enthousiasme remarquable. Avec le même enthousiasme, on a utilisé un grand nombre de ces séries auprès des élèves/étudiant(e)s américains qui apprenaient le français, l'espagnol, l'allemand, le finlandais, ainsi que d'autres langues.

VERSIONS DANS LES AUTRES LANGUES. Les différentes versions de *Live Action English* en français (*Vive l'action!*), espagnol (*¡Viva la acción!*), allemand (*Lernt aktiv!*), italien (*Viva l'azione!*), et japonais (*Iki Iki Nihongo*) sont parues. (Voir le dos de couverture de ce livre.)

MATÉRIEL SIMILAIRE. Plusieurs livres sont parus, qui sont similaires à *Live Action English*, en ce sens qu'ils sont constitués de séries d'actions. Seulement deux de ces ouvrages sont disponibles en français, mais tous les autres peuvent être adaptés et utilisés en français:

---

[5] 1979-80, Resource Development Institute d'Austin, sous la direction de Mary Galvan.
[6] Oxford: Pergamon Press, 1981; en vente actuellement à Londres: Prentice-Hall International.

PUBLISHING HISTORY. *Live Action English* was first published in 1979. To our amazement, it has enjoyed 15 printings. Two years after the initial publication in the United States, a British edition appeared.[6] Over 50,000 copies are now in print in English. In 1985 a set of 2 *Live Action English Cassettes* was produced. The materials in *Live Action English* were developed in the classroom in work with adult learners of English and, in many cases, Spanish. Much to our surprise again, the English version has been widely used with elementary and secondary school and college students as well as with adults. It has been used successfully with students of many and diverse nationalities all over the world—in the U.S., Canada, China, Korea, Thailand, Japan, the Philippines, Indonesia, Australia, Brazil, most of Spanish America, Spain, France, Germany, Austria, the U.K., Italy, Israel, Morocco, Nigeria and many other areas—with remarkable enthusiasm. Many of the series have also been used with American students who were learning French, Spanish, German, Finnish and other languages—with the same enthusiasm.

FOREIGN LANGUAGE VERSIONS. Foreign language versions of *Live Action English* have been published in French (*Vive l'action!*), Spanish (*¡Viva la acción!*), German (*Lernt aktiv!*), Italian (*Viva l'azione!*), and Japanese (*Iki Iki Nihongo*). (See last page of this book.)

SIMILAR MATERIALS. Several books have appeared which are similar to *Live Action English* and *Vive l'action!* in that they consist of series of actions. While only two of the following materials are available in French, all the others can be adapted for use in French:

1. *The Children's Response* by Caroline Linse (Hayward, Calif.: Alemany Press, 1983; currently out of print) is 60 English series deftly designed for elementary school children.

2. *Actionlogues* by Jody Klopp (Los Gatos, Calif.: Sky Oaks Productions, 1985; see p. 152) presents 25 series with a photograph for each line—available in French, German and Spanish only; cassettes available in all three languages.

3. *Action Sequence Stories* by Constance Williams (Menlo Park, Calif.: Williams and Williams, 1987 and 1988; currently available from Ballard & Tighe, 480 Atlas St., Brea, CA 92621; phone: (800) 321-4322) consists of 2 kits of materials, each of which includes 50 six-line command sequences. French, English, Spanish, German, Italian and Chinese versions of the sequences are available.

4. *English Operations* by Gayle Nelson and Thomas Winters (Brattleboro, VT: Pro Lingua, 1993) has 55 everyday sequences in English. This is a revised and expanded edition of *ESL Operations*, published by Newbury House in 1980.

5. *Picture It!: Sequences for Conversation* (Tokyo: International Communications, 1978; New York: Regents, 1981; currently available from Pearson Education, White Plains, NY) has 60 eight-line, fully-illustrated sequences which are in a variety of English tenses and were not intended to be acted out. While only a handful are in the imperative, all can be done with action and adapted to the imperative.

---

[6] Oxford: Pergamon Press, 1981; currently available from: Prentice-Hall International.

1. *The Children's Response* de Caroline Linse (Hayward, Calif. : Alemany Press, 1983; actuellement épuisé) est composé de 60 séries, conçues avec adresse pour les enfants des écoles.

2. *Actionlogues* de Jody Klopp (Los Gatos, Calif.: Sky Oaks Productions, 1985; voir p. 152) présente 25 séries, avec une photo illustrant chaque ligne (seulement en français, en allemand et en espagnol; accompagnées de cassettes dans les trois langues).

3. *Action Sequence Stories* de Constance Williams (Menlo Park, Calif.: Williams and Williams, 1987 et 1988; disponible actuellement chez Ballard & Tighe, 480 Atlas St., Brea, CA 92621; (800) 321-4322) est fait de deux ensembles de matériaux didactiques pour l'enseignement de l'anglais, chacun constitué de 50 séquences d'injonctions, de six lignes chacune. Les séquences sont également disponibles en version française, anglaise, espagnole, allemande, italienne et chinoise.

4. *English Operations* de Gayle Nelson et Thomas Winters (Brattleboro, VT: Pro Lingua, 1993) contient 55 séquences à propos de la vie quotidienne en anglais. Il s'agit d'une édition revue et augmentée de *ESL Operations*, publiée par Newbury House en 1980.

5. *Picture It!: Sequences for Conversation* (Tokyo : International Communications, 1978; New York : Regents, 1981; disponible actuellement chez Pearson Education, White Plains, NY) contient 60 séquences de huit lignes chacune, entièrement illustrées, faisant usage d'une grande variété de temps verbaux (en anglais). Les séquences ne sont pas destinées à être jouées. Même s'il n'y a qu'un nombre assez réduit de séquences écrites à la forme impérative, toutes les autres séquences peuvent se transposer à la forme impérative et s'accompagner d' actions.

6. *Listen and Act* de Dale Griffee (Tucson et Tokyo: Lingual House, 1982; P.O. Box 3537, Tucson, AZ 85722; Box 14, Ogikubo, Suginami-ku, Tokyo; peut-être disponible chez Longman at 800-862-7778) consiste en une suite de séquences « dramatisées ». Un « metteur en scène » donne des ordres à des « acteurs » et des « actrices », qui interprètent les actions.

LES AUTEURS VOUS INVITENT

Vous êtes toujours les bienvenus pour suivre la manière dont les auteurs de ce livre utilisent ces matériaux en cours de langue, dans la région de San Francisco.

Elizabeth Kuizenga Romijn a passé son enfance à Ann Arbor, au Michigan. Elle a obtenu sa licence de linguistique à l'Université de Californie-Berkeley en 1969. Elle a débuté dans l'enseignement de l'Anglais Langue Etrangère, au Mission Campus de City College à San Francisco, où elle enseigne toujours actuellement. En 1983, elle a été reçue à la maîtrise de linguistique-Anglais Langue Etrangère de l'Université de San José. Elle est auteur de *Puppies or Poppies: ESL Bingo* et est co-auteur, avec Contee Seely, de *TPR Is More Than Commands—At All Levels* (voir page 151). Elle a animé des stages d'enseignants en Réponse Physique Totale et d'Anglais Langue Etrangère pour classes à différents niveaux, d'un bout à l'autre de la Californie. Elle a deux filles, Rebecca Romijn Stamos et Tamara Romijn, et vit à Richmond, Californie. Téléphonez à Contee Seely, au (510) 524-1191, pour tout renseignement concernant les cours de Elizabeth.

6. *Listen and Act* by Dale Griffee (Tucson and Tokyo: Lingual House, 1982; P.O. Box 3537, Tucson, AZ 85722; Box 14, Ogikubo, Suginami-ku, Tokyo; may be available from Longman at 800-862-7778) is "mini-drama" sequences in which a "director" gives commands to "actors" and "actresses" who perform the actions.

THE AUTHORS INVITE YOU

You are welcome to observe the authors using these materials in their language classes in the San Francisco Bay Area.

Elizabeth Kuizenga Romijn grew up in Ann Arbor, Michigan. She received a B.A. in Linguistics from the University of California in Berkeley in 1969 and began teaching ESL that fall for the Mission Campus of City College of San Francisco, where she can still be found today. In 1983 she received an M.A. in Linguistics-ESL from San José State University. She is the author of *Puppies or Poppies: ESL Bingo*, a teacher's resource book. With Contee Seely she is co-author of *TPR Is More Than Commands—At All Levels* (see page 151). She has presented teacher workshops on TPR and multi-level ESL throughout California. She has two daughters, Rebecca Romijn Stamos and Tamara Romijn, and lives in Richmond, California. Call Contee Seely at (510) 524-1191 for times and locations of Elizabeth's classes.

Contee Seely graduated from Princeton University in 1961. He has taught English to adult speakers of other languages in Ecuador, Peru, Chile and the United States and has also taught Spanish in high school and to adults (including Peace Corps trainees) in the U.S. and at Vista College in Berkeley. With Elizabeth Kuizenga Romijn he is co-author of *TPR Is More Than Commands—At All Levels*. And with Blaine Ray he is co-author of *Fluency Through TPR Storytelling*. (See page 151 for both books.) Currently he teaches Spanish for the Neighborhood Centers Adult School in the Oakland public schools (in the evening). In 1989 he received the Excellence in Teaching Award presented by the California Council for Adult Education. He is publisher at the Command Performance Language Institute in Berkeley and gives teacher training workshops at all levels on TPR and Blaine Ray's TPR Storytelling (recommended by Prof. James J. Asher). You can reach Contee at (510) 524-1191. He and his wife Maggie have a son, Michael, and a daughter, Christina.

THE TRANSLATORS OF *VIVE L'ACTION!*

Lia Raileanu was formerly an Associate Professor in the French Department at Cuza University in Iasi, Rumania. Currently she is an Instructor of French at Irvine Valley College in Irvine, California, and at Orange Coast College in Costa Mesa. She also has taught French to children and gives workshops on Total Physical Response to foreign language and ESL teachers (phone: (714) 552-6698). In 1984 she published *Le français par l'intermediare de la réponse physique totale* (available from Lia at 5 Elmwood, Irvine, CA 92714, and from Berty Segal, Inc. (see page 152)). She was the translator of *L'enseignement du français au moyen de l'action* by Berty Segal (Brea, Calif.: Berty Segal, Inc., 4th ed., 1988). She and her husband Valeriu have two daughters, Ina and Barbara.

Contee Seely est diplômé de l'Université de Princeton (1961). Il a enseigné l'Anglais Langue Etrangère aux adultes en Equateur, au Pérou, au Chili et aux États-Unis. Aux États-Unis, il a enseigné l'espagnol en Lycée, ainsi qu'aux adultes, notemment pour la formation du Corps de la Paix et à Vista College de Berkeley. Il est co-auteur, avec Elizabeth Kuizenga Romijn, de *TPR Is More Than Commands—At All Levels* (voir page 151). Avec Blaine Ray il est co-auteur de *Fluency Through TPR Storytelling* (voir aussi page 151). Actuellement, il enseigne l'espagnol dans la Neighborhood Centers Adult School des écoles publiques d'Oakland (le soir). En 1989, il a reçu la distinction d'« Excellence in Teaching », décernée par le Conseil Californien de l'Enseignement pour Adultes. Il est éditeur au Command Performance Language Institute à Berkeley et anime des stages de Réponse Physique Totale ainsi que de la méthode Récits d'Histoires par la Réponse Physique Totale de Blaine Ray, à tous les niveaux (stages recommandés par James J. Asher). Vous pouvez le joindre au (510) 524-1191. Sa femme Maggie et lui ont une fille, Christina, et un fils, Michael.

LES TRADUCTEURS DE *VIVE L'ACTION!*

Lia Raileanu a été Maître de Conférence au département de français de l'Université Cuza, à Iasi, Roumanie. Elle est actuellement professeur à Irvine Valley College, à Irvine, ainsi qu'à Orange Coast College, à Costa Mesa en Californie. Elle a aussi enseigné le français à des enfants et elle anime des stages de Réponse Physique Totale pour des professeurs de langue étrangère et d'anglais comme langue seconde (tel : (714) 552-6698). En 1984, elle a publié *Le français par l'intermédiaire de la réponse physique totale* (disponible chez Lia, 5 Elmwood, Irvine, CA 92714, et chez Berty Segal, Inc. (voir p. 152)). Elle a traduit *L'enseignement du français au moyen de l'action* de Bertha Segal (Brea, Calif. : Berty Segal, Inc., 4ième édition, 1988). Elle et son mari Valeriu ont deux filles, Ina et Barbara.

Jean-Paul Raffinot est actuellement professeur de français et de théâtre au Lycée La Pérouse de San Francisco. Il a enseigné la langue et la littérature française, en France, à Tahiti, à Laney College d'Oakland, à City College de San Francisco, à l'Alliance Française de San Francisco et de Berkeley. Il a été également professeur d'Expression et Communication à l'Université de Bourgogne à Dijon, et a publié plusieurs études d'œuvres classiques de la littérature française et anglaise, notamment à propos du *Zadig* de Voltaire et de *L'île au trésor* de Stevenson. Il vit à San Francisco et a deux enfants, Sophie et Julien. Vous pouvez le joindre au (510) 524-1191, chez Contee Seely.

REMERCIEMENTS

Nous tenons à exprimer notre vive reconnaissance à **Manette Naud, Anne LeRoux, Ina Raileanu, Jean-Bernard Pailhe, Alain Pailhe, Joli Adams, Claude Bertout, Frank McNulty, George Rathmell, Margaret Rathmell, Oswaldo Voysest, Ann Alderman** et **Danielle Boucher** pour leur aide précieuse à la traduction de *Vive l'action!* Nous avons profondément apprécié les suggestions de **Berty Segal** et **Ruth Cathcart**, dont nous avons incorporé la teneur dans l'introduction de chaque version de ce livre. Nous devons à **Julia Montrond**, la traductrice de la version italienne, *Viva l'azione!*, l'idée de la série intitulée « Un costume pour le carnaval » (pp. 134-135). « Le hoquet » (pp. 20-21) est l'adaptation d'une « unité audio-motrice » de Theodore Kalivoda (communication personnelle, 1974). Nous aimerions remercier aussi **Maggie Seely, Jaap**

Romijn, **Eduardo Hernández-Chávez, Ken Beck, Judy Winn-Bell Olsen, Helen Valdez, Helen McCully, Patricia Helton** et **James Asher,** pour leurs encouragements permanents, au moment de l'écriture de la version originale en anglais. Nous tenons également à exprimer notre reconnaissance envers **Roberta MacFarlane, Nick Kremer** et **Mary Galvan,** pour les informations à propos de la recherche sur le langage en milieu professionnel (p. *x*). Chaleureux remerciements à **Al Stout** pour sa gentillesse et ses conseils d'utilisation de son imprimante laser et de son ordinateur Macintosh, avec lesquels la maquette de ce livre a été préparée. Nos remerciements les plus sincères à **NOS ÉTUDIANTS,** qui ont été notre principale source d'inspiration, pendant les 26 années passées. Ces matériaux ont été enrichis et développés, comme une réponse directe, à la joie et à l'enthousiasme qu'ils ont manifesté en apprenant selon nos méthodes. Nous vous souhaitons la même joie et le même enthousiasme.

Jean-Paul Raffinot is currently teaching French and drama at the Lycée La Pérouse in San Francisco. He has taught French language and literature in France and Tahiti and at Laney College in Oakland, at City College of San Francisco and at the Alliance Française in San Francisco and Berkeley. He has also been an Instructor of Speech and Composition at the University of Burgundy in Dijon and has published several studies of French and English classics, including Voltaire's *Zadig* and Robert Louis Stevenson's *Treasure Island*. He lives in San Francisco and has two children, Sophie and Julien. You can reach Jean-Paul by calling Contee Seely at (510) 524-1191.

ACKNOWLEDGMENTS

We are extremely grateful for the invaluable aid of **Manette Naud, Anne LeRoux, Ina Raileanu, Jean-Bernard Pailhe, Alain Pailhe, Joli Adams, Claude Bertout, Frank McNulty, George Rathmell, Margaret Rathmell, Oswaldo Voysest, Ann Alderman** and **Danielle Boucher** with the translation of *Vive l'action!* And we deeply appreciate the suggestions of **Berty Segal** and **Ruth Cathcart** which we have incorporated into the introductory sections of all versions of this book. We are indebted to **Julia Montrond,** the translator of the Italian version, *Viva l'azione!*, for providing the idea for the series entitled "Un costume pour le carnaval" (pp. 134-135). "Le hoquet" (pp. 20-21) is an adaptation of a Spanish "audio-motor unit" in a personal communication from **Theodore Kalivoda** in 1974. We also wish to thank **Maggie Seely, Jaap Romijn, Eduardo Hernández-Chávez, Ken Beck, Judy Winn-Bell Olsen, Helen Valdez, Helen McCully, Patricia Helton** and **James Asher** for their constant encouragement in the writing of the original English version. We are grateful, too, to **Roberta MacFarlane, Nick Kremer** and **Mary Galvan** for information on research dealing with on-the-job language (p. *ix*). We profusely thank **Al Stout** for his kindness and advice in the use of his laser printer and his Macintosh computer, with which the camera-ready copy for this book was prepared. Our greatest thanks go to **OUR STUDENTS,** who have been our inspiration over the last 26 years. These materials have grown and developed in direct response to their joy and enthusiasm in learning this way. We wish you the same enthusiasm and joy.

PROCESSUS GÉNÉRAL POUR LA DRAMATISATION DE CHAQUE SÉRIE

> L'habileté de l'enseignant [consiste] à présenter les expériences de telle façon que l'élève [soit] nécessairement amené à la réussite.
> Keith Johnstone
> *Impro: Improvisation and the Theatre*

Le processus que nous allons présenter est destiné à être utilisé avec des adultes, des étudiants d'université et des élèves du secondaire. Pour l'utiliser avec des élèves d'écoles primaires et secondaires, voir aussi la section intitulée « Comment utiliser ce livre avec les élèves des écoles élementaires et secondaires » (p. *xxxiv*) (si vos étudiants sont des adultes, vous pouvez également vous y référer).

Nous avons voulu présenter deux versions de chaque leçon, l'une à la forme *tu*, l'autre à la forme *vous*. Vous choisirez la forme qui vous semble la plus appropriée à votre classe. En général, il est préférable d'utiliser la même forme pendant un certain temps et en tous cas une seule des deux formes pendant le même cours. Pour éviter la confusion, ne mélangez pas les formes tant que l'une des deux n'est pas nettement acquise, ce qui peut prendre un certain temps. De plus, à moins que vos élèves ne soient d'un bon niveau, il nous semble préférable de ne pas utiliser la forme plurielle dans une leçon, même si les injonctions s'adressent à la classe entière. Faites comme si vous parliez à chaque étudiant en particulier. Sinon, ils risquent de confondre le pluriel et le singulier au moment de la phase expressive (ci-dessous, étapes 5 à 7).

Le **but final** de ce processus est le suivant : chaque élèves/étudiant(e)s doit acquérir la capacité de donner des ordres à un autre élève/étudiant(e), de sorte que ce dernier puisse dramatiser les séries qui lui sont données. Réciproquement, il doit être capable de répondre physiquement aux ordres donnés par une autre personne. Les six premières étapes énumérées sont utilisées comme **méthode de préparation à un travail efficace et indépendant, au cours de la septième et derniére étape:**

A. STADE RÉCEPTIF : L'ÉCOUTE

    1. Mise en place (1-2 minutes).
    2. Démonstration initiale de la série (1-2 minutes).
    3. Action vivante en groupe (2-3 minutes).

B. STADE RÉCEPTIF : LECTURE (ET UN PEU D'ÉCRITURE)

    4. Copier en écrivant (2-10 minutes, selon que les s/étudiant(e)s doivent copier, ou non, la série écrite au tableau, selon l'âge, et le niveau de connaissance de l'écrit).

GENERAL PROCEDURES FOR ENACTING EACH SERIES

> The teacher's skill [lies] in presenting experiences in such a way that the student [is] bound to succeed.
> Keith Johnstone
> *Impro: Improvisation and the Theatre*

These procedures are intended to be used with adults, with college students and with secondary school students. For use with elementary and secondary level students, see also the section entitled "Using This Book with Elementary and Secondary School Students" (p. *xxxv*). (If you are teaching adults, you may also want to look at this section.)

You will notice that there are two versions of each lesson—one with the *vous* form and one with the *tu* form. You may choose whichever form is more appropriate for your class. Generally it is best to use the same form over a period of time. And you should use only one form in a class session. To avoid confusion don't mix the two forms until one of them has been firmly acquired—which may take quite a while. Also, unless your students are relatively advanced, we would advise you *not* to use the plural forms in a lesson even when giving commands to the whole class. Pretend that you're talking to each student individually. Otherwise they are likely to confuse the plural with the singular form when they speak in the expressive stage of the lesson (steps 5-7 below).

The **final objective** of these procedures is for each student to be able to tell another student to perform the series at hand and, conversely, to be able to respond physically to another person's delivery of the commands. The first six of the following steps are used as **a method of preparing students to be ready to work effectively and independently in the seventh and final step:**

A. RECEPTIVE STAGE: LISTENING

1. Setting up (1-2 minutes)

2. Initial demonstration of series (1-2 minutes)

3. Group live action (2-3 minutes)

B. RECEPTIVE STAGE: READING (AND SOME WRITING)

4. Written copy (2-10 minutes, depending on whether or not students must copy it and also on the writing skills and age level of the students)

C. STADE EXPRESSIF : LA PAROLE

5. Répétition orale et période de question/réponse (5-10 minutes).
6. Certains élèves/étudiant(e)s donnent des ordres : d'autres répondent (5-10 minutes).
7. Les élèves/étudiant(e)s travaillent tous en binômes (5-15 minutes).

Les six premières étapes sont seulement des suggestions et peuvent être modifiées ou alternées. Vous avez la liberté d'expérimenter et de **faire tout ce qui est nécessaire pour bien préparer les élèves/étudiant(e)s à l'étape numéro sept.**

S'il vous arrive de ne pas avoir suffisamment de temps pendant une heure de classe, recommencez au début de l'heure suivante. La révision aura lieu plus vite et facilitera les choses pour tout le monde.

Nous vous donnons, par la suite, une description détaillée de chacun des procédés suggérés.

AVANT DE COMMENCER : COMMENT PRÉPARER LES ACCESSOIRES

Ces leçons sont spécialement conçues pour être présentées à l'aide d'accessoires (au sens théâtral du terme). Si vous n'en avez encore jamais utilisés, vous pouvez vous demander si le temps, que vous allez investir pour les trouver et les préparer, en vaut la peine. Nous avons acquis la conviction qu'il est d'une valeur incontestable d'utiliser des objets/accessoires, non pas seulement en tant que source d'amusement, mais surtout en tant qu'aide à la compréhension et à la mémorisation. Pour les accessoires nécessaires à chaque leçon, consultez la liste des pages 138-148 et rassemblez les accessoires dont vous avez besoin avant de commencer à travailler sur une série. Si vous ne pouvez pas vous procurer l'accessoire en lui même, il est parfois possible d'improviser avec un objet qui lui ressemble, du point de vue de la forme et de la taille. (en ce qui concerne les accessoires, consultez aussi *The Command Book* de Stephen Silvers (Los Gatos, Calif. : Sky Oaks Productions, 1988)); pour vous donner des idées sur l'utilisation de simples dessins et pour vous aider à les réaliser, voir *Draw It Out!: A Picture Handbook for the Language Teacher*, de Norma Shapiro et Carol Genser (1984; à se procurer auprès des auteurs, au 5448 Allot, Van Nuys, CA 91401; tel : (818) 780-3316); les deux livres sont disponibles seulement en anglais).

La présentation doit avoir un aspect de réalisme et d'évidence. Ceci est important, surtout dans le cas des élèves et des plus jeunes étudiant(e)s qui sont vraiment débutants, quel que soit leur âge. Dans leur cas, le langage doit mener à une sorte de « happening », qui agit directement de manière physique et sensorielle. L'expérience totale d'une situation produit une impression, une imprégnation très forte. Ils établissent ainsi une connection étroite entre le mot et l'expérience réelle, ce qui rend l'étude de la langue beaucoup plus facile, plus efficace et plus amusante pour chacun.

C. EXPRESSIVE STAGE: SPEAKING

    5. Oral repetition and question/answer period (5-10 minutes)

    6. Student(s) speaking/other person responding (5-10 minutes)

    7. Students all working in pairs (5-15 minutes)

The first six steps are only suggestions and can be changed or alternated. You may experiment and **do whatever you find necessary to properly prepare students for step seven.**

If you ever run out of time during a class session, start at the beginning again at the next session. The review will go faster and make things easier for everybody.

A detailed description of each of the suggested procedures follows.

BEFOREHAND—PREPARING REALIA

These lessons are specifically intended to be used with props. If you have never used props before, you may question the value of spending the time to gather and prepare them. We have found that they are invaluable not only as a source of fun but as an aid to comprehension and retention. See the list of props necessary for each lesson on pp. 139-148, and assemble the props you need before you begin working on a particular series. If you can't manage to come up with an appropriate prop, you can sometimes improvise by using something similar in shape and size. (Regarding props see also *The Command Book* by Stephen Silvers (Los Gatos, Calif.: Sky Oaks Productions, 1988); for help and ideas on making simple drawings, see *Draw It Out!: A Picture Handbook for the Language Teacher* by Norma Shapiro and Carol Genser (1984; available from the authors at 5448 Allot, Van Nuys, CA 91401; phone: (818) 780-3316); both books are in English only.)

The presentation should be realistic and obvious. For younger students and lower level students of all ages, this is especially true, so that the language will really be about a "happening" which is affecting the students' muscles and their senses. Totally experiencing the situation makes a strong impression and connects the words to something real, making learning much easier, more effective and more enjoyable for any student.

L'emploi des accessoires constituera seulement l'un des nombreux moyens utilisés pour rendre le sens plus clair aux élèves/étudiant(e)s. Parcourez les séries en réfléchissant à la manière dont vous en présenterez chaque segment, à une classe particulière. Pour certains groupes, la présentation devra être plus minutieuse que pour d'autres. Certains aspects de la langue demanderont une attention plus ou moins grande, selon le niveau de la classe et les différences entre la première langue de l'élève et le français.

A. STADE RÉCEPTIF : L'ÉCOUTE

1. L'ORGANISATION et la préparation du travail pour chaque séries.

Organisez la situation devant vos élèves/étudiant(e)s, tout au début de l'heure, quand ils sont en train de s'installer, ou de terminer un certain travail, ou même si leur attention est totalement dirigée vers vous. Pour certaines séries, cela signifie tout simplement installer quelques objets. Quelquefois, vous pouvez improviser avec n'importe quel objet qui se trouve à votre disposition. Par exemple, dans « Un chèque de voyage » (pp. 70-71), un dossier de chaise, ou des stores, peuvent servir de guichet. Un passage entre les chaises peut devenir la rue d'une ville, ou un tremplin. Dans d'autres séries, vous pouvez avoir besoin d'une illustration représentant une certaine pièce, ou un certain décor (affiche, photo découpée dans un magazine, ou tout simplement un dessin effectué par un élève/étudiant(e), ou par vous-même au tableau noir). Par exemple, la rue principale d'une ville, dans « Achetez un manteau » (pp. 22-23), la cabine téléphonique dans « Utilisez une cabine téléphonique » (pp. 60-61), ou la cheminée dans « Faites un feu » (pp. 94-95). Pour d'autres séries, comme « Rendez-vous chez le médecin » (pp. 118-19) et « Une coupe de cheveux » (pp. 86-87), vous pouvez demander à quelques élèves/étudiant(e)s de jouer des rôles mineurs. Donnez-leur l'emploi de réceptionniste, infirmièr(e), docteur, coiffeur, etc.

Parlez constamment de ce que vous faites, afin de créer une atmosphère naturelle et familière pendant le jeu/présentation de la série. Par exemple, pour « Lavez-vous les mains » (pp. 2-3), vous pourriez faire les remarques suivantes: « Maintenant, je vais me laver les mains » ou « Oh, tiens; mes mains sont bien sales » (elles le sont peut-être à cause d'un travail que vous avez fait auparavant). Ensuite, tout en présentant chaque objet, demandez s'il y a quelqu'un qui pourrait le nommer. Montrez le savon et demandez : « Qu'est-ce que c'est? » Recommencez avec la serviette et le robinet. S'il y a quelqu'un qui comprend les mots « salle de bains » ou « lavabo », montrez que vous êtes dans la salle de bains ou devant le lavabo. Si votre salle de classe est petite, vous pouvez peut-être aller montrer un lavabo réel, pour la démonstration initiale.

2. DÉMONSTRATION INITIALE DE LA SÉRIE

Maintenant demandez à la classe de ne plus parler : « Ne parlez pas, ne répétez pas; regardez seulement, écoutez bien ». *Il est essentiel que chacun suive maintenant l'action avec beaucoup d'attention.*

Props will be just one of various ways in which you will make meaning clear to the students. Go over the series, thinking about just how you will present each bit of the series to the particular class you intend to use it with. Some groups will require a more thorough presentation than others. Certain items may require greater or less attention with some classes—due to the level of the class or to similarities and differences between the first language of the learners and French.

A. RECEPTIVE STAGE: LISTENING

1. SETTING UP and Working Into the Series

Set up your situation in front of the students' eyes—as they are assembling at the beginning of class, or as they are finishing up some other work, or even with their full attention. For some series this will only involve laying out some props. Sometimes you can improvise with whatever is available. For example, in "Un chèque de voyage" (pp. 70-71) the rungs in the back of a chair or a Venetian blind may serve as the teller's window. Or an aisle can be a city street or a diving board. In other series you may need an illustration of a certain room or scene (commercially produced, cut from a magazine, or simply drawn by a student or yourself on the board), such as the downtown street in "Achetez un manteau" (pp. 22-23), the phone booth in "Utilisez une cabine téléphonique" (pp. 60-61) or the fireplace in "Faites un feu" (pp. 94-95). In still others, such as "Rendez-vous chez le médecin" (pp. 118-19) and "Une coupe de cheveux" (pp. 86-87), you'll need to recruit some students for minor roles and introduce them as the receptionist, the nurse, the doctor, the barber, etc.

Talk about what you are doing in order to work into the series naturally and casually. For example, for "Lavez-vous les mains" (pp. 2-3) you might make remarks such as: "Maintenant, je vais me laver les mains" or "Oh, tiens; mes mains sont bien sales" (maybe they really are, from something else you've been doing). Then, as you set out each object, ask if anyone knows its name. Hold up the soap and ask, "Qu'est-ce que c'est?" and repeat with the towel and the faucet. If anyone would understand the words *lavabo* and *salle de bains*, indicate that you are in the bathroom or at the sink. If your class is small, you may even go to a real sink for the initial demonstration.

2. INITIAL DEMONSTRATION OF SERIES

Now ask the class not to talk any more: "Ne parlez pas, ne répétez pas; regardez seulement, écoutez bien." *It is essential that everyone be paying attention to the action now.*

Si vous avez, dans votre classe, un élève/étudiant(e) qui comprenne, soit en partie soit en totalité, les injonctions de la série (ou un aide, ou un visiteur), demandez à cette personne de répondre physiquement à votre lecture (que vous allez effectuer d'une façon très expressive!). Si vous n'avez personne pour jouer ce rôle, démontrez vous-même les actions une première fois. Prenez votre temps pour être sûr(e) que chaque action est parfaitement bien comprise. Si vous n'en êtes pas sûr(e), répétez l'action une ou deux fois, soit avec le même « acteur » (ou « actrice »), soit avec un(e) autre à chaque fois. Vous et vos acteurs serez peut-être obligés d'utiliser la pantomime, pour certaines actions.

3. ACTION CORPORELLE EN GROUPE

Remerciez votre acteur et adressez-vous à la classe entière, en disant : « Maintenant, c'est à vous de vous laver les mains ». Vous pourriez même commencer par : « Regardez vos mains! Oh, ce qu'elles sont sales! Oh! Ouvrez le robinet, etc. »

Vous serez probablement obligés de demander encore une fois que personne ne répète ou que personne ne parle pendant tout ce temps-là. Maintenant c'est à eux de répondre physiquement aux ordres, en faisant l'expérience des mots à travers une communication réelle, en apprenant avec leurs muscles, en *vivant* la langue. D'habitude, tout le monde n'est pas en possession de chaque objet nommé dans une série. Dans ce cas-là, il convient de mimer l'action, sans les accessoires. Certaines personnes ont alors besoin d'être stimulées. Si quelqu'un n'ouvre pas le robinet, vous pouvez lui donner le robinet et répéter : « Ouvrez le robinet, s'il vous plaît! » S'il y a des personnes qui ne se lavent pas les mains, vous pouvez demander : « Où est votre savon? » Si certaines personnes vous répondent qu'elles n'ont pas besoin de dramatiser ces actions, puisqu'elles les comprennent déjà, dites leur que : même si la compréhension est très importante, elle n'est pas suffisante; qu'ils *se rappelleront* les mots beaucoup mieux s'ils en font, à plusieurs reprises, *l'expérience physique*.

Il est possible que quelques-uns des adultes se sentent un peu ridicules au début, ayant le sentiment que ces petites pantomimes sont assez puériles. Mais nous n'avons que très rarement rencontré de cas d'élèves/étudiant(e)s qui continuent à éprouver le même sentiment après la première leçon, parce qu'ils se rendent compte, très vite, qu'ils apprennent beaucoup, et avec grande facilité. Même les élèves/étudiant(e)s avancés apprennent des mots nouveaux ou de nouveaux emplois dans la plupart des séries.

Notez surtout : il est recommandé de répéter la troisième étape à plusieurs reprises, dans des occasions différentes (offrant ainsi l'occasion aux élèves/étudiant(e)s de s'approprier profondément les séries), avant de les lire et de les produire oralement. Plus la classe est de niveau modeste, plus il est nécessaire de répéter cette étape.

If you have a student who might understand some or all of the commands in the series, or an aide or a visitor, have that person respond physically to your reading (with *loads* of expression!) of the series. If no such person is available, demonstrate the action yourself the first time. Take plenty of time to make sure each action is fully understood. If you're not sure that everyone followed it, repeat it once or twice, using the same "performer" again, or a new one each time. You or the performer(s) may have to use pantomime for some actions.

3. GROUP LIVE ACTION

Thank your performer and address the entire class with: "Maintenant, c'est à vous de vous laver les mains." You might even begin with: "Regardez vos mains! Oh, ce qu'elles sont sales! Oh! Ouvrez le robinet, etc."

You will probably have to ask again that no one repeat or talk at all during this time. Now they are to respond physically to the imperatives, experiencing the words as real communication, learning with their muscles, *living* the language. Usually not every person has every object in the series. So they can pantomime the actions which they cannot actually perform. Many people need some prodding at this point. If someone does not turn the water on, you might hand that person the faucet and repeat, "Ouvrez le robinet, s'il vous plait!" If some people don't wash their hands, you might ask, "Où est votre savon?" If some people say they don't need to do these things because they already understand them, tell them that although understanding is of course necessary, it's not enough, that they will *remember* the words much better if they *experience* them.

Some adults may even be a little insulted at first, feeling that these little pantomimes are childish. However, we have rarely seen any students continue to feel this way after one lesson, because they realize very quickly how much they are learning and how easily. Even advanced students learn some new words and usages in most series.

Note especially: It is advisable to go through step 3 several times on different occasions (thereby allowing students to thoroughly internalize the series) before they read it and produce it orally. The lower the level of the class, the more times it is necessary to do this.

B. STADE RÉCEPTIF : LECTURE (ET UN PEU D'ÉCRITURE)

Les trois premières étapes de ce processus constituent ce que nous avons appelé le stade de l'écoute ou stade réceptif. Le second stade est constitué par la lecture et l'écriture. Les élèves/étudiants ne devraient pourtant pas commencer à lire ou à écrire avant d'être prêts pour le stade de la parole ou le stade expressif — de l'étape 5 à 7. *Il y a deux clés qui indiquent la possibilité de passer à la quatrième étape :*

1. La capacité de répondre aux ordres sans hésitation.

2. La possibilité de répéter avec aisance les paroles du professeur.

Si vos élèves sont des enfants qui n'ont pas encore atteint l'âge de la puberté ou qui se trouvent juste à cet âge-là, ils ne devraient pas copier les séries par écrit sans avoir complété *toutes* les autres étapes. (Consultez la section intitulée : « Comment utiliser ce livre avec les élèves des écoles primaires et secondaires », page *xxxiv*.) En principe, jusqu'à la sixième (10 ou 11 ans), les élèves n'effectueront pas les étapes 4 à 7. Il se peut que les étudiants et les adultes ne copient pas la leçon (étape 4), si la maîtrise de la langue écrite ne constitue pas l'un des buts de leur étude du français.

4. RECOPIER

Quand tous les élèves/étudiant(e)s sont capables de répondre physiquement et sans hésitation à la série, présentez-leur le texte écrit, en gros caractères. Vous pouvez le mettre sur une affiche, que l'on peut réutiliser, au tableau noir, ou bien utiliser un projecteur. *Faites attention à ce que la leçon puisse être lue facilement, de n'importe quel endroit de la salle de classe.* Demandez à tous les élèves/étudiant(e)s de copier la leçon toute entière, dans leurs cahiers. En plus, ou au lieu du texte en gros caractères, chaque élève/étudiant(e) peut utiliser un exemplaire du livre. Mais copier la leçon est utile en soi-même, surtout pour les plus jeunes, ou pour les vrais débutants. C'est un exercise de base, en lecture et en écriture.

Quand chacun est en possession d'un exemplaire du texte, lisez-le, en demandant simplement d'écouter et de suivre la lecture. *Ne les faites pas répéter après vous, pendant cette lecture.* Demandez s'il ont des questions concernant le sens du texte. *Essayez de répondre à ces questions par des gestes, plutôt que par des traductions.*

NOTEZ, S'IL VOUS PLAÎT : La présence d'un texte en gros caractères est trés utile pour les étapes 5, 6 et 7, puisqu'elle vous permet de mettre en relief certains mots ou phrases. Elle peut également aider les étudiants à maintenir le contact avec le professeur ou avec ses partenaires, à ne pas garder les yeux fixés dans leurs cahiers ou dans leurs livres.

B. RECEPTIVE STAGE: READING (AND SOME WRITING)

The first three steps in the procedures are the listening or receptive stage. Step 4 is reading and writing. Students generally should not proceed to reading or writing until they are ready for the speaking or expressive stage, which is steps 5 to 7. *There are two keys to readiness to proceed:*

1. Unhesitating facility in responding physically to the commands

2. The ability to repeat easily after the teacher

If your students are children at or below puberty, they would normally *not* copy the series until they have completed *all* other steps. (See the section entitled "Using This Book with Elementary and Secondary School Students" on page *xxxv*.) Children below the 5th-grade level (10-11 years old) would normally *not* do steps 4-7. College and university students and adults might not copy the lesson (step 4), depending upon whether writing is one the goals of their study of French.

4. WRITTEN COPY

When all the students can respond physically without hesitation to the lesson, display a large copy of it. You may put it on a reusable poster or on the chalkboard, or you may use an overhead projector. *Make sure the lesson is easy to read from anywhere in the classroom.* Have all the students copy the entire lesson in their notebooks. In addition to or instead of using the large copy, you may have each student use a copy of the textbook. Copying the lesson can be useful in itself, especially for younger and low-level students. This is an early-stage reading and writing exercise.

After everyone has a copy, read it to them while they listen and follow only. *Do not have them repeat after you during this first reading.* Then ask if they have any questions about the meaning. *Try to answer these questions with motions rather than translations.*

PLEASE NOTE: The large display copy is very useful from this point on, because it allows you to point out individual words and phrases. It also helps by keeping the students in touch with the teacher or with their partners instead of buried in their papers or books.

C. STADE EXPRESSIF : LA PAROLE

5. RÉPÉTITION ORALE et PÉRIODE DE QUESTIONS/RÉPONSES

Demandez aux élèves/étudiant(e)s de répéter ensuite chaque ligne après vous, en leur accordant suffisamment de temps pour répéter certains mots, qui sont particulièrement difficiles à prononcer ou à comprendre. *Faites attention à ce que chacun puisse entendre parfaitement bien votre prononciation.* Autrement, l'élève/étudiant(e) ne sera pas capable de bien prononcer.

Si la classe éprouve vraiment des difficultés à prononcer, vous devriez retourner au stade réceptif et refaire plus d'actions corporelles, individuellement (étape 2), ou en groupes (étape 3), avant de recommencer les activités de répétition orale. Cela peut signifier que le groupe se trouve à un niveau trop faible pour la séquence que vous êtes en train de travailler avec eux. Dans ce cas, se référer à la section « Comment utiliser ce livre avec les débutants », page *xxxii*.

Donnez à vos élèves/étudiant(e)s un peu plus de temps pour lire les séries et pour poser des questions. Ce serait aussi un bon moment pour indiquer et travailler la prononciation de mots dont la consonance est proche, par exemple : *pluie/pleut/plus* ou *tout/tu*.

6. CERTAINS ÉTUDIANTS DONNENT DES ORDRES/D'AUTRES RÉPONDENT

Maintenant, un volontaire, ou un élève/étudiant(e) que vous avez choisi, va *vous* donner des ordres. Ou bien, puisque chaque ligne est numerotée, assignez à plusieurs personnes une ligne ou deux. Si à ce point-là, vous travaillez seulement avec des volontaires, certains élèves/étudiant(e)s ne liront peut-être jamais. Ils est donc quelquefois préférable de *choisir* les lecteurs.

C'est le moment pour vous de traiter les problémes de prononciation. En général, si un élève/étudiant(e) a des difficultés à prononcer un certain mot ou une certaine phrase, il y en a d'autres aussi qui éprouvent les mêmes difficultés. Cela signifie que le groupe doit continuer à travailler. Faites attention à ce que chacun entende bien. C'est l'aspect le plus important pour obtenir une bonne prononciation.

Ensuite, vous pouvez, si vous voulez, demander à un(e) élève/étudiant(e) de donner les réponses physiques devant la classe, ou en restant à sa table, tandis qu'un autre lit. Il se peut qu'il y ait un ou plusieurs élève(s)/étudiant(es), qui soit moins apte(s) à répondre, ou qui ne comprenne(nt) pas. C'est le moment de vous rendre compte s'il s'agit seulement de timidité, de confusion causée par la nouvelle méthode, ou bien si en effet il(s)/elle(s) ne comprend (comprennent) pas ce que l'on dit. Quel que soit le problème, il peut probablement se résoudre, au fur et à mesure que l'élève/étudiant(e) suit les autres injonctions, avec un peu d'encouragement de votre part.

C. EXPRESSIVE STAGE: SPEAKING

5. ORAL REPETITION and QUESTION AND ANSWER PERIOD

Next have the students repeat each line after you, taking plenty of time to go over individual words which are particularly difficult to pronounce or understand. *Make sure every student can hear your pronunciation fully.* If s/he can't, s/he won't be able to pronounce well.

If the class is really struggling to pronounce, you should return to the receptive stage and do more individual (step 2) and group (step 3) live action before getting them to repeat after you again. Or, this may be an indication that the group is at too low a level to deal with the particular sequence you are doing with them. In this case, look at the suggestions in the section entitled "Using This Book with Very Low Beginners" on page *xxxiii*.

Give the students some extra time to look over the series and ask more questions. This might also be a good time to point out some minimal pairs—*pluie/pleut/plus, tout/tu*—and do some work on these.

6. STUDENT(S) SPEAKING/OTHER PERSON RESPONDING

Now ask for a volunteer, or choose a student, to tell *you* to do the entire series. Or, since each line is numbered, assign several individuals a line or two by number. If you only take volunteers at this point, probably some students will never read, so it is best to *choose* readers, at least sometimes.

This is a good opportunity for you to hear pronunciation problems. Generally, if one student has a problem pronouncing a certain word or phrase, there are others too, and this means more group practice is needed. Make sure the students hear well. This is the first essential for good pronunciation.

Next you may want to have one student do the physical responses in front of the class or at his or her desk as another student reads. There may be a new student or less responsive student who doesn't seem to be following the language. This is a good time to find out if this is just shyness, or confusion about the new method, or if indeed s/he doesn't understand what is being said. Whatever the problem is, it can probably be ironed out as that student follows the other's commands, with some encouraging prompting from you.

Vous pouvez aussi demander à plusieurs élèves/étudiant(e)s de vous donner des ordres ou de donner des ordres à la classe toute entière. N'oubliez pas que ce que vous faites, c'est de les préparer à travailler les séries, sans supervision. Le fait de continuer, ou bien de répéter les étapes 5 et/ou 6, plusieurs fois, dépend de la façon dont les élèves/étudiant(e)s répondent.

7. LES ÉLÈVES/ETUDIANT(E)S TRAVAILLENT EN BINÔMES

Quand vous constatez que le texte des séries est suffisamment clair pour les élèves/étudiant(e)s (compréhension, réponse, prononciation), demandez-leur de travailler en groupes de deux ou de trois : un élève/étudiant(e) donne les ordres tandis que les autres écoutent et répondent physiquement. Par ce procédé, chacun(e) aura expérimenté le pouvoir de parler français, en donnant ses ordres à une autre personne qui les dramatise. C'est ainsi qu'il/elle arrive à vraiment communiquer en français, à propos d'une action qui a réellement eu lieu.

Vous pouvez former les groupes vous-mêmes, pour créer de meilleures conditions d'apprentissage, ou bien vous pouvez laisser la classe former ses propres groupes, de deux ou trois personnes. Veillez à ce que chacun(e) ait son partenaire (ou ses partenaires).

Le professeur sera ainsi libre de travailler individuellement avec les élèves/étudiant(e)s. Vous pouvez évaluer la leçon, la présentation que vous en avez faite, la compréhension des élèves/étudiant(e)s et leur progrès individuel. Votre travail n'est plus de diriger, mais seulement d'apporter une aide à la mise en scène. Faites le tour de la salle de classe en écoutant, aidant, corrigeant, approuvant, encourageant les élèves/étudiant(e)s qui éprouvent des difficultés dans la pratique (« aidez votre mémoire », leur conseillez-vous). Assurez-vous que chaque élève/étudiant(e) travaille les séries au moins deux fois — une fois en les disant, une autre fois en répondant (à l'exception des élèves/étudiant(e)s qui ne sont pas encore prêts à parler; ceux-ci devraient travailler en groupe, avec ceux qui sont plus avancés, en répondant seulement). Les élèves/étudiant(e)s plus avancés, ou ceux qui ont déjà effectué ces séries avant, peuvent être encouragés à les dire sans regarder leur copie écrite. Répondez aux questions que les élèves/étudiant(e)s n'avaient pas posées devant le groupe, par timidité.

Il est profitable de trouver un(e) élève/étudiant(e) qui a l'habitude de travailler selon cette méthode pour aider quelqu'un de nouveau. Pourtant, les nouveaux élèves pourraient avoir besoin, quelquefois, de travailler indviduellement avec *vous*, en dramatisant toute la série. Vous leur donnez ainsi un exemple de la manière dont vous voulez qu'ils travaillent.

D'habitude, certains élèves ont besoin d'être guidés plus que les autres, pour apprendre à utiliser cet intervalle de temps. Ceux qui passent tout leur temps à recopier la leçon, ou à chercher des mots et à les traduire, agissent parfois ainsi parce qu'ils ne savent pas ce qu'ils devraient faire d'autre. Insistez sur le fait que ce sont des activités que l'on peut effectuer à la maison, et que cet intervalle de temps est consacré, essentiellement, au travail oral et à une réponse physique.

You may want to have more students tell you or the whole class to do the series. Remember that what you're doing is preparing them to do the series unsupervised. Whether or not you go on or repeat steps 5 and/or 6 a few times depends on how the students are sounding and responding.

7. STUDENTS ALL WORKING IN PAIRS

When you feel that the students are clear enough on the language of the series (comprehending, responding, pronouncing), ask them to work in pairs or threes, one telling (or reading) and the other(s) listening and responding physically. In doing so, each student will experience the power of actually speaking French and having his or her commands acted upon by another person, thus truly communicating in French about something which is actually occurring.

You may form the groups yourself to allow greater learning opportunities, or you may let the class form its own pairs or threes. Make sure everyone has a partner (or partners).

This also frees the instructor to work individually with students. You can evaluate the lesson, your presentation of it, the students' grasp of it and individual progress. Your job now changes from director to aide. Go around the room listening, helping, correcting, approving, encouraging reluctant students to practice ("aidez votre mémoire"). Make sure every student goes through the series at least twice—once telling, once responding (except for students who are not yet ready to speak; they should be paired with more advanced students and should respond only). More advanced students, or those who have done this series before, can be encouraged to try it without looking at the copy. Answer questions people may have been too shy to ask before the group.

It is helpful to get a student who is used to working this way to break in a new student. However, occasionally new students may need to have *you* work individually with them, physically going through the entire series, as an example of the way you mean for them to work.

Usually some students will need more guidance than others on how to use this time. People who spend the whole time recopying the lesson or looking up and translating words may be doing so simply because they don't know what else to do. Point out that these are things that can be done at home, and that this time is basically for oral practice and realistic response.

Pourtant, laissez les élèves/étudiant(e)s suivre leurs propres impulsions. Vous serez surpris(es) par la grande variété d'activités à laquelle différentes personnes travailleront pendant ce temps-là. Plus vous leur laissez de liberté, plus leur travail a des chances d'être varié. En outre, certaines activités qui ne vous semblent pas pertinentes ou productives, peuvent en effet se révéler utiles à l'étudiant qui est entrainé à les effectuer. Chacun a sa propre manière d'apprendre, de mettre en mémoire, de vérifier sa compréhension et sa maîtrise des connaissances transmises. Donnez à chacun suffisamment de temps pour approfondir. Gardez constamment vos yeux et vos oreilles ouverts : votre sensibilité à certaines situations peut aider considérablement certains individus. Elle peut vous aider, vous aussi, à mieux vous servir des autres séries. Quand les élèves/étudiant(e)s ont terminé, demandez le calme, et félicitez-les pour leur bon travail. Vous pouvez éventuellement demander à la classe de répéter après vous certains éléments difficiles — ou la série tout entière — une dernière fois.

Vous pouvez faire la révision d'une série n'importe quand. En général, vous allez vous rendre compte que la mémorisation est sensiblement meilleure que dans le cas d'autres types d'exercices. La révision la rendra encore meilleure.

Ce processus est utile, avec quelques petites adaptations, pour préparer les élèves/étudiant(e)s à effectuer d'autres travaux en binômes, différents de ceux des séries. Beaucoup de professeurs ont échoué dans leurs tentatives précédentes pour faire travailler les élèves en binômes. La source principale des difficultés consiste dans le fait que les élèves/étudiant(e)s n'y ont pas été préparés d'une manière adéquate. En utilisant le processus ci-dessus, ils y sont beaucoup mieux préparés. (Voir Seely, *TPR is More Than Commands—At Any Level*, Berkeley, Calif. : Command Performance Language Institute, à paraître; disponible seulement en anglais.)

However, do let the students follow their own impulses. You will be surprised at the large variety of things different people will work on at this time. The more freedom you give them, the more that will happen. Furthermore, some of the activities that may seem irrelevant or even counterproductive to you, may in fact be serving some important purpose for the students involved. Different people have different ways of learning, of fixing things in their minds, and of checking their own comprehension and mastery of what has just transpired. Give them enough time to tie up the loose ends as they see them. And keep your eyes and ears open. Your sensitivity to the situation can help some individuals immensely and can help you know how to deal better with other series. When the students finish practicing, call them to order and congratulate them on doing a good job. You may have the class repeat difficult items after you—or the whole series—one last time.

You may review a series at any time. Generally you will find retention notably better than with other types of exercises. And the review will improve it even more.

These procedures are useful, with minor adaptations, to prepare students to do other kinds of work in pairs, as well as series. Many teachers have been unsuccessful in their previous attempts at having students work in pairs. The main source of difficulty is that the students have not been adequately prepared. Using the above procedures, students *are* properly prepared. (See Seely, *TPR is More Than Commands—At Any Level*, Berkeley, Calif.: Command Performance Language Institute, forthcoming; in English only.)

COMMENT UTILISER CE LIVRE AVEC LES DÉBUTANTS

Avec les débutants, nous vous suggérons de ne pas commencer par utiliser le processus entier donné aux pages *xvi-xxx*. Par « débutants », nous entendons ceux qui sont *réellement nouveaux* en français, ceux qui n'ont aucune expérience, d'aucune sorte, de la langue française. Cette catégorie d'élèves/étudiant(e)s doit écouter la langue et en faire l'expérience dans des situations chargées de sens, pendant un intervalle de temps considérable, avant d'être encouragé à un début de prise de parole.

Voici quelques conseils pour aider les nouveaux (nouvelles) élèves dans leur étude du français:

1. Travaillez seulement les trois premières étapes du processus, en parcourant de nombreuses séries, chacune à plusieurs reprises, avant d'encourager les élèves à dire quoi que ce soit. Ils assimileront ainsi le matériel d'une manière très minutieuse, avant de l'utiliser à l'oral, et se sentiront très à l'aise quand ils commenceront finalement à produire.

2. Simplifiez une série considérablement. Voir n° 2, « Adaptations créatives », à la page *xxxvi*. Ou bien vous choisissez de travailler les trois premières étapes complètement; puis vous recommencez au début, en utilisant une version simplifiée de la série; cette fois, travaillez l'ensemble des sept étapes.

3. Choisissez quelques ordres, parmi les plus simples, dans plusieurs séries. Travaillez-les pendant un certain intervalle de temps avec les élèves/étudiant(e)s, qui les écoutent et y répondent physiquement. Vous pouvez les combiner différemment, en utilisant d'autres noms avec des verbes de votre choix. Vous en avez un exemple à la page *xxxviii*, n° 5.

4. Inventez et effectuez des dialogues-actions très brefs. Voir page *xl*, n° 10. Soyez sûr(e) que chaque élève/étudiant(e) est préparé d'une manière adéquate, avant d'effectuer un dialogue à son compte. Cela veut dire (a) qu'il/elle en a fait l'expérience visuelle à plusieurs reprises, dans un contexte chargé de sens, et (b) qu'il/elle a très bien entendu, plusieurs fois, une bonne prononciation, naturelle (mais pas trop rapide) du texte, pour être capable de l'imiter.

USING THIS BOOK WITH VERY LOW BEGINNERS

With very new learners of French, we suggest you *not* begin by using the full procedures given on pages *xvii* to *xxxi*. By "very low beginners" we mean learners who are *really new* to French, who have virtually no experience of any kind with French. Such learners may need to hear and experience French in a meaningful context for a considerable period of time before they are encouraged to speak it at all.

Here are some ways to ease new learners into French:

1. Do only the first three steps of the procedures, going over numerous series several times each before you ever encourage the learners to say anything in any series. This way they will internalize the material very thoroughly before speaking it and will be very comfortable with it when they finally do say it.

2. Simplify the series considerably (see #2 in "Creative Adaptations" on page *xxxvii*). Or do the first 3 steps (the receptive stage) in full; then start over, using a simplified version of the series; this time do all 7 steps.

3. Choose some of the simpler commands from various series and work on these for some time with the students listening and responding physically. You can use recombinations by using different nouns with whatever verbs you choose, as in #5 on page *xxxix*.

4. Devise and do *very* brief action dialogs. See page *xli*, #10. Be sure every student is adequately prepared before s/he does a dialog on her/his own. This means s/he (a) has experienced it before her/his eyes in a meaningful context many times and (b) has heard good, natural (but *not* fast) pronunciation several times for imitation and has heard it very well.

COMMENT UTILISER CE LIVRE AVEC LES ÉLÈVES DES ÉCOLES ELEMENTAIRES ET SECONDAIRES

Berty Segal Cook (connue sous le nom de Berty Segal), spécialiste de renommée internationale pour l'initiation des professeurs au domaine de la Réponse Physique Totale, recommande les procédures suivantes pour l'école élémentaire (depuis le CE2) et le cycle secondaire:

1. L'enseignant(e) lit à haute voix la série, ligne à ligne, avec les intonations appropriées, en jouant les gestes avec un ou plusieurs élèves. Le reste de la classe observe.

2. L'enseignant(e) relit la séquence à voix et la rejoue; cette fois, toute la classe répète les gestes avec lui/elle.

3. On choisira l'une des deux options suivantes :

    a. Au collège et lycée : l'enseignant(e) présente à la classe la séquence en grand format. Il est préférable de la préparer à l'avance et de la présenter sous forme d'affiche, de façon la réutiliser; il est également possible de l'écrire au tableau.

    b. Ecole élémentaire : Chaque élève reçoit un livre présentant les séries (ou bien un livre pour deux); si les livres manquent, on distribue des photocopies des séries, de façon à permettre de les recopier. A l'école élémentaire, il est parfois difficile aux élèves de recopier à partir d'un tableau ou d'une affiche. C'est pourquoi il est préférable de procéder à partir d'un livre ou d'une photocopie.

4. Les élèves lisent la série *tous ensemble*, avec l'enseignant(e).

5. On donne à chaque élève un élastique ou un trombone, ainsi qu'une grande feuille de papier, d'au moins 28 x 43 cm. Il est préférable d'utiliser une feuille de 45 x 61 cm, ou encore plus grande. Un papier à larges lignes est recommandé.

6. Chaque élève recopie toutes les lignes de la série, en grosses lettres et en numérotant chaque ligne.

7. Chaque élève fait un dessin à la fin de chaque ligne de la série, pour représenter l'action qui correspond à cette ligne. En général, plus le papier est grand, plus il est facile à l'élève de réaliser les dessins. Ces dessins peuvent être très simples. Ils seront utilisés un peu plus tard. Quand cette étape est terminée, on trouve sur la feuille de chaque élève, à chaque ligne, un numéro, un dessin et une phrase (voir **illustration**, p. *xxxix*).

Travail en binômes : les étapes 8 à 15 se font généralement en binômes. Il est préférable de changer de partenaire plusieurs fois pendant ces étapes.

8. Un élève lit à son partenaire/sa partenaire chaque ligne de la série, ménageant une pause entre les lignes pour que le/la partenaire ait le temps de représenter l'action avec des gestes.

USING THIS BOOK WITH ELEMENTARY AND SECONDARY SCHOOL STUDENTS

World-renowned TPR author and teacher trainer Berty Segal Cook (a.k.a. Berty Segal) recommends the following procedures for elementary (from third grade up) and secondary school classes:

1. The teacher reads the sequence or series aloud line by line with appropriate feeling as s/he acts it out along with two or three students. The rest of the class observes.

2. S/he reads it aloud again and models it again, this time as the entire class acts it out along with her/him.

3. One of the following is done:

    a. Secondary school. The teacher places before the class a large copy of the sequence which has been prepared beforehand. This large copy must be easily readable from every student's seat. Preferably it is written on a poster-sized sheet so it can be reused, though it may be written on the chalkboard.

    b. Elementary school. Students are each given a book (or one book for each two students to share) which contains the series; if books are not available, they are given a photocopy of the sequence on paper from which to write out their own copy. The reason that elementary school students are given books or papers is that it is difficult for many of them to correctly copy words from the wall or the chalkboard.

4. The class reads the entire series *in chorus* together with the teacher.

5. Every student is given a rubber band or a clip and a large sheet of paper, at least 11" by 17" (28 x 43 cm.), preferably 18" by 24" (45 x 61 cm.) or even larger. Lined paper is best for this exercise.

6. Each student copies each line of the series in large writing onto her/his large sheet, numbering each line in order.

7. Each student now draws a picture at the end of each line of the sequence to represent the action of the line. Generally speaking, the larger the paper, the easier it is for students to make these drawings. There is no need for the drawings to be fine. Each student will use her or his own drawings a little later. When this step is completed, there are a number, a sentence and a drawing on each line of each student's paper. (See **illustration** at the bottom of p. *xxxix*)

Pair Work: Steps 8-15 are generally done with the students working in pairs. Preferably they change partners several times as they go through these steps.

8. One student reads each line of the series to her or his partner, pausing between lines for the partner to perform the action. Then the actor becomes the reader and vice versa.

9. Chaque élève coupe des bandes de papier, chacune présentant un numéro, une phrase et un dessin.
10. Chaque élève mélange ses bandes de papier et les met ensemble avec son élastique ou son trombone.

Les quatre exercices suivants (11-14) sont spécialement utiles pour les jeunes élèves qui apprennent ainsi à mettre des phrases dans un ordre logique.

11. Chaque élève trouve un nouveau partenaire/une nouvelle partenaire. Chaque binôme possède deux liasses de bandes de papier. Ils choisissent l'une des deux et remettent les bandes de papier dans l'ordre.
12. Les élèves mélangent une nouvelle fois les bandes de papier et changent encore de partenaires. Cette fois, l'enseignant(e) leur demande de plier la partie de la bande de papier qui présente un numéro, de façon à éviter que ces numéros soient visibles. Chaque binôme remet en ordre les bandes de papier, mais sans utiliser cette fois les numéros.
13. Les élèves changent encore de partenaires. Ensuite, ils découpent les images avec des ciseaux et les mélangent. Puis ils les remettent en ordre et attachent ensemble toutes les images d'une séquence.
14. Formant encore de nouveaux binômes, les élèves (cette fois sans l'aide des numéros ou des images) lisent le texte de chaque bande de papier à leur partenaire, chacun vérifiant le bon ordre des séquences.
15. Après avoir encore une fois changé de partenaire, chaque élève relit la séquence en ordre, en se servant seulement des images comme support pour retrouver le texte qui y est associé. Le/la partenaire exécute les ordres gestuellement et aide éventuellement à retrouver l'ordre à partir de l'image (la production simultanée des ordres et des gestes par tous les binômes ensemble peut provoquer des problèmes de discipline dans certaines classes. Dans ce cas, supprimer la dernière phase d'ordres et d'exécutions gestuelles).
16. Finalement, en travail individuel, chaque élève écrit toute la série dans l'ordre, en ne se servant que des dessins pour se rappeler le texte des ordres.

Notez que les élèves maîtrisent de mieux en mieux la série en écoutant, en lisant, en copiant, en parlant et en écrivant.

9. Each student cuts her/his paper into strips, one line per strip, with number, sentence and drawing.
10. Each student mixes up her/his strips and then puts her/his rubber band or clip on the whole set to hold it together.

The following four exercises (11-14) are especially useful for younger students who need to learn the skill of sequencing.

11. Every student finds a new partner. Each pair of students has two sets of strips. They choose one of the sets and put the strips in order.
12. The students mix up those strips again and get new partners. Then the teacher tells the students to fold the numbers back so that they cannot be seen. Each pair of students puts one set of strips in order, this time without the help of the numbers.
13. The students change partners again. Then they cut off the pictures with scissors and mix them up. After that they put the pictures in their proper sequence and clip or bind the set of pictures together.
14. After forming new pairs, students (now without numbers or pictures as clues) read the text on their strips to each other in order, each one following and checking her or his partner's reading and sequencing.
15. After changing partners once more, each student produces orally the whole series in order, using her/his own pictures as cues while the partner listens, performs the commands and helps if necessary. (The simultaneous oral production and performance of the commands by everyone can cause discipline problems in some classes. If so, omit the performance of the commands.)
16. Finally, working individually again, on a regular-sized sheet of paper each student writes out the entire series in order, using the pictures as cues.

Note that in this process students become thoroughly familiar with the series as they listen, read, copy, speak and write.

Il ne faut pas attendre des élèves de C.P. ou même de C.E.1 en langue seconde qu'ils exécutent l'ensemble du processus, parce que la lecture et l'écriture leur posent encore trop de difficultés dans leur propre langue pour qu'ils commencent à lire et à écrire dans une langue étrangère. Avec les élèves les plus jeunes, il vaut mieux se concentrer avant tout sur le langage oral et sur l'écoute. Pour pratiquer les commandes, on peut ne leur demander que les étapes réceptives (pp. *xx* à *xxv*, ou numéros 1 et 2, ci-dessus). On peut répéter ces étapes à de nombreuses reprises et sous diverses formes. Les élèves de C.P. et de C.E.1 peuvent réaliser des dessins pour aider à mémoriser les commandes. Si c'est le cas, ils pourront ensuite mélanger leurs dessins, puis les remettre dans l'ordre. Ceux qui en sont capables seront invités à prononcer quelques commandes à haute voix, sans chercher à produire toute la série. En tout cas, au fur et à mesure qu'augmentent les phénomènes de compréhension, les productions orales apparaissent peu à peu, exactement comme cela se produit dans l'apprentissage de la langue maternelle.

Les enfants pour lesquels la langue enseignée est la langue maternelle (y compris ceux des cours bilingues), jusqu'en sixième (11-12 ans), tirent profit et plaisir des séries de *Vive l'action!* et de *The Children's Response* (voir numéro 1 p. *xii*). Elles sont utiles au début du développement de la lecture et de l'écriture. De façon plus spécifique, elles sont très utiles pour la pédagogie de la narration séquentielle et chronologique. Caroline Linse, l'auteur de *The Children's Response*, souligne qu'elles sont aussi utiles pour enseigner et vérifier l'aptitude à suivre et à donner des renseignements. En plus, elles peuvent constituer une base pour des histoires (racontées par les élèves à propos de leurs expériences personnelles et transcrites par le professeur) utilisées dans le cadre du LEA (en anglais : « Language Experience Approach »); voir Dixon, Carol N. et Denise Nessel, *Language Experience Approach to Reading (and Writing): Language-Experience Reading for Second Language Learners*, Hayward, California: Alemany Press, 1983; disponible chez Pearson Education, White Plains, NY). Ces séries stimulent également les productions d'écriture créative.

Si vous enseignez la langue à des enfants de l'école élémentaire, vous allez probablement opérer une sélection dans le choix des leçons de *Vive l'action!* Certaines seront plus utiles si vous les adaptez ou les simplifiez, en tenant compte du niveau enseigné.

You shouldn't expect first- and second-grade second language learners to go through this entire process, because they are generally not well enough founded in reading and writing in their first language to start dealing with reading and writing in another language.

It is best to concentrate on aural/oral language with these younger students. They would do only the steps in the receptive stage (pp. *xx* to *xxv*, or numbers 1 and 2 above), performing the commands. These steps can be repeated a number of times and may be done on several different days. First- and second-graders may also make drawings for the commands. If they do, they can then cut each drawing off of the paper, mix up their drawings and sequence them. Those who are able to may be invited to give commands without being required to produce them all. In any event the comprehensible input will eventually bring about production, just as it does in their first language.

Native-speaking children (including those in bilingual classes) up through the 6th grade (age 11-12) also enjoy and profit from the series in both *Vive l'action!* and *The Children's Response* (see number 1 on p. *xi*). They are useful in the early stages of the development of reading and writing skills. Specifically, they are helpful in the learning of sequencing and chronological narration. They are also good for teaching and checking on the skill of direction following, as Caroline Linse points out. In addition, they can form the basis for language experience approach (LEA) stories (stories told by students about their own experiences and written down by a teacher; see Dixon, Carol N. and Denise Nessel, *Language Experience Approach to Reading (and Writing): Language-Experience Reading for Second Language Learners*, Hayward, California: Alemany Press, 1983; currently available from Pearson Education, White Plains, NY) and provide a stimulus for creative writing.

If you are teaching elementary school children, you will probably want to be somewhat selective in choosing which lessons in *Vive l'action!* you use. Some will work better if you adapt or simplify them to fit the level.

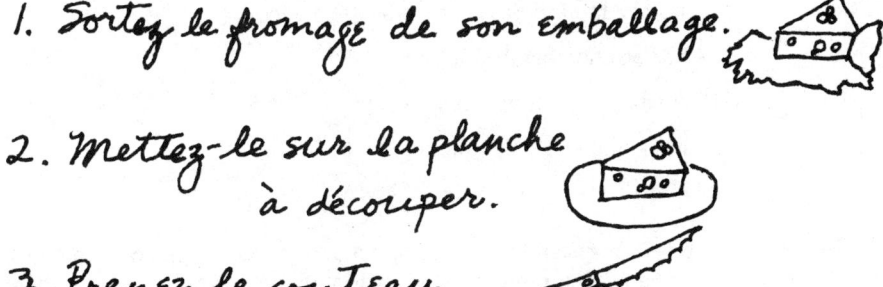

1. Sortez le fromage de son emballage.
2. Mettez-le sur la planche à découper.
3. Prenez le couteau.

Pour l'usage des illustrations ci-dessus, voir pp. *xxxiv* et *xxxvi*.

See pp. *xxxv* and *xxxvii* regarding the use of the above illustrations.

(d'après la série « Le fromage », pp. 8-9)

(based on "Cheese," pp. 8-9)

ADAPTATIONS CRÉATIVES

Ces leçons offrent, à un degré beaucoup plus élevé que la plupart des autres matériaux pédagogiques de ce type, des points de départ pour une utilisation créative du vocabulaire qu'elles contiennent. Quelques exemples :

1. L'emploi des formes verbales au présent, au passé et au futur. Par exemple, « Un verre de lait » (pp. 24-25) peut se transposer au passé de la manière suivante : d'abord le professeur ou l'élève/étudiant(e) exécute l'action en silence, ou comme réponse aux ordres donnés par quelqu'un d'autre, tandis que le reste de la classe observe. Ensuite, la personne qui a fait l'action dit, « Je me suis versé un verre de lait. J'en ai répandu un peu sur la table... » Puis, tout le monde répète les mots après le professeur, en accentuant les formes du passé. Finalement, tous travaillent les mêmes formes en groupes de deux ou trois : chaque personne, l'une après l'autre, faisant les gestes, expliquant tout de suite après ce qu'elle vient de faire. Au présent, cela donnera : « Je me verse un verre de lait ». Au futur proche, vous allez dire : « Je vais me verser un verre de lait ». Dans tous les cas, les actions sont exécutées aux temps appropriés, en relation directe avec les mots prononcés : les gestes précèdent, accompagnent ou suivent les paroles, selon que l'on se place au passé, au présent ou au futur. Différentes formes d'expression du temps peuvent être enseignées en les ajoutant au texte : *d'abord, puis, après cela, finalement, maintenant, tout de suite...*. De la même manière, le procédé peut être utilisé en changeant les pronoms personnels — *tu, il, elle, nous, vous, ils, elles* — dramatisé par les personnes qui conviennent aux différents pronoms. Toutes ces activités, sauf celles qui utilisent le *vous* (singulier), le *tu* et le *nous*, seront effectuées en groupes de 3 ou de 4.

2. Pour les débutants, certaines séries peuvent être réduites. Par exemple, « Changez une ampoule » (pp. 64-65) peut devenir :

    1. Allumez la lumière. L'ampoule est grillée!
    2. Allez en chercher une autre.
    3. Dévissez l'ancienne ampoule.
    4. Vissez une nouvelle ampoule.
    5. Allumez-la. Ça marche!

3. Le professeur pose des questions qui concernent directement l'élève/étudiant(e), ou qui présentent un certain intérêt pour ce dernier, en utilisant le vocabulaire de la leçon et les temps verbaux désirés.

4. Les élèves/étudiant(e)s posent des questions au professeur et à leurs camarades de classe, en utilisant le vocabulaire de la leçon. Quelquefois, vous pouvez leur demander d'utiliser un temps verbal particulier.

CREATIVE ADAPTATIONS

To a much greater degree than most material, these lessons offer taking-off points for creative use of the vocabulary they contain. Some examples:

1. Verb-form practice in present, past and future. For instance, "Un verre de lait" (pp. 24-25) would go like this in the past: First the teacher or a student does all the actions in silence or in response to someone's commands, while the (other) students watch. Then the person who has done the actions says, "Je me suis versé un verre de lait. J'en ai répandu un peu sur la table...." Then all the students repeat the words after the teacher, with emphasis on the past forms. And finally all the students go through this in pairs or threes, one person at a time acting, then speaking to the other(s). In present you say, "Je me verse un verre de lait," and in "*going to* future," "Je vais me verser un verre de lait." In all cases the actions are done at the appropriate time in relation to the words spoken; the actions precede, accompany or follow the words depending on whether the movements occur in the past, present or future. Time expressions may be taught and included: *d'abord, puis, après cela, finalement, maintenant, tout de suite....* Virtually the same process may be used in different persons—*tu, il, elle, nous, vous, ils, elles*—with the proper persons performing. For all of these except *vous* (singulier), *tu* and *nous*, groups of 3 or 4 are needed.

2. For raw beginners, some of the series can be shortened. For example, "Changez une ampoule" (pp. 64-65) may become:

   > 1. Allumez la lumiére. L'ampoule est grillée!
   >
   > 2. Allez en chercher une autre.
   >
   > 3. Dévissez l'ancienne ampoule.
   >
   > 4. Vissez une nouvelle ampoule.
   >
   > 5. Allumez-la. Ça marche!

3. The teacher asks the students questions which are about themselves or otherwise of interest, using the vocabulary of the lesson in whatever tense(s) desired.

4. Students ask questions of the teacher and of other students, using vocabulary from the lesson. Sometimes you may wish to ask them to practice a particular tense.

5. Utilisez les mêmes ordres, mais dans des contextes différents et avec différents objets. Par exemple, en utilisant « Allez chez vous » (pp. 6-7), comme point de départ, demandez au groupe d'exécuter les actions suivantes :

>   Allez au centre de la ville. (Utiliser une ilustration.)
>
>   Descendez l'escalier.
>
>   Sortez votre crayon.
>
>   Mettez-le dans votre poche.
>
>   Ouvrez la fenêtre.
>
>   Mettez votre crayon de côté.
>
>   Appuyez sur le bouton de la télé.
>
>   Ouvrez la bouche.
>
>   Fermez-la.
>
>   Fermez la voiture à clef. (Utilisez une ilustration.)
>
>   Allumez la radio.

Ensuite, quelques élèves/étudiant(e)s vont demander à leurs camarades et au professeur de dramatiser différentes actions, en utilisant les mêmes verbes. Il est souvent utile d'écrire au tableau des verbes et des noms qui peuvent être combinés, dans le but de stimuler leur emploi créatif par les élèves/étudiant(e)s, et de façon à les obliger à lever la tête, au lieu de garder les yeux dans leurs livres. Vous pouvez soit utiliser tous les verbes d'une série, soit en faire une sélection. Cinq à dix paires constituent une quantité fonctionnelle. Par exemple :

>   allez   porte
>
>   ouvrez   cadenas
>
>   fermez   placard
>
>   fermez à clef   rez-de-chaussée
>
>   ouvrez à clef   dehors
>
>   [ainsi de suite]

On pourra créer des phrases telles que celles-ci, par exemple : « Ouvrez le placard », « Fermez la porte », « Allez dehors »…. Les élèves/étudiants peuvent vous aider à choisir des noms pour la liste et, bien sûr, utiliser d'autres noms pour trouver de nouvelles phrases.

6. Comme au numéro 5 ci-dessus, improvisez des situations tout à fait nouvelles, utilisant surtout le vocabulaire des séries déjà dramatisées. Ce faisant, de nouveaux mots apparaissent. Ce qui ne pose aucun problème, si leur sens est facile à démontrer. En effet, certaines personnes en comprendront une

5. Use the same commands but with different contexts, different objects. For instance, using "Allez chez vous" (pp. 6-7) as your take-off point, tell people:

> Allez au centre de la ville. (Use a picture.)
>
> Descendez l'escalier.
>
> Sortez votre crayon.
>
> Mettez-le dans votre poche.
>
> Ouvrez la fenêtre.
>
> Mettez votre crayon de côté.
>
> Appuyez sur le bouton de la télé.
>
> Ouvrez la bouche.
>
> Fermez-la.
>
> Fermez la voiture à clef. (Use a picture.)
>
> Allumez la radio.

Then get the students to tell you and other students to do different things, using the same verbs. It is often useful to write the verbs with some possible nouns to combine them with on the blackboard to stimulate creative use by students and to get them to lift their heads. You can use all the verbs in the series in your list or just select certain ones. Five to ten is a good working set. For example:

allez	porte
ouvrez	cadenas
fermez	placard
fermez à clef	rez-de-chaussée
ouvrez à clef	dehors
	[and so on]

Sentences created may be, for instance: "Ouvrez le placard," "Fermez la porte," "Allez dehors".... Students may help you choose nouns for the list and may of course use other nouns while practicing.

6. Along the same lines as #5 above, improvise entire new situations, using much vocabulary from series already enacted. As you do this, some new vocabulary often emerges. As long as the meaning of it is demonstrable, this will cause no problem. In fact, some people will pick some of it up right

bonne partie, tout de suite. Le scénario qui se développe peut être très normal et très calme, ou au contraire extravagant et sauvage. Vous pouvez travailler ces séries improvisées de la façon habituelle, ou bien vous pouvez les ignorer et vous concentrer sur d'autres activités. Les élèves/étudiant(e)s peuvent aussi improviser leurs propres séries. Ou bien ils peuvent les noter pour s'en servir plus tard (peut-être après correction). Le professeur aussi, peut faire la même chose, pour créer de nouvelles séries.

7. Les élèves (et le professeur) peuvent écrire des mini-pièces de théâtre, pour les dramatiser, en y incluant des injonctions et d'autres matériaux. Après avoir dramatisé un bon nombre de séries, les élèves/étudiant(e)s seront habitué(e)s à utiliser le français dans des activités vivantes et les mini-pièces de théâtre seront plus faciles à créer. Plus les groupes sont de niveau avancé, plus ils créeront facilement leurs propres sketches.

8. Vous pouvez aussi mettre en évidence le vocabulaire non verbal des séries, en vous servant toujours des injonctions. Par exemple, en utilisant « Des œufs brouillés » (pp. 68-69) comme point de départ, vous ou vos élèves pouvez créer :

> Lancez-moi un œuf.
>
> Mettez le fouet à sa place.
>
> Passez-moi le sel, s'il vous plait.
>
> Versez un peu de lait dans la poêle.
>
> Allez chercher une serviette sèche.

9. Vous pouvez écrire vos propres séries, pour qu'elles conviennent mieux aux nécessités ou intérêts particuliers et à l'environnement de vos élèves/étudiants. Par exemple : médecine, affaires, pilotage, mécanique automobile, n'importe quel passe-temps ou domaine de travail.

10. De très brefs dialogues-action (2-6 lignes) peuvent être écrits et dramatisés, après une préparation adéquate (voir « Processus général », pp. *xvi-xxx*). Les dialogues-actions sont des dialogues où les mots et les gestes sont mis en relation. Ils constituent un type d'exercice de base de la Réponse Physique Totale. (Voir Seely et Romijn, *TPR is More Than Commands—At All Levels*, Berkeley, Calif. : Command Performance Language Institute, 1998, seconde édition; disponible seulement en anglais.) Par exemple :

> — Veux-tu me gratter le dos?
>
> — Bien sûr, mais *d'abord*, c'est *toi* qui me grattes le dos.
>   Ensuite *moi*, je te gratterai le dos.
>
> — D'accord.

Essayez ce dialogue, et vous allez voir qu'avec ce genre d'activité, on peut vraiment s'amuser!

away. The scenario that develops may be very ordinary and calm or extravagant and wild. You may do the usual kind of work with any of these improvised series or you can drop them and go on to other things. Students may also improvise their own series. Or they may write them down for subsequent use (perhaps after correction). You may too.

7. Students (and teacher) can write mini-plays for performance, involving other material as well as commands. After a number of series have been enacted by students, they will be accustomed to using French with live action, and mini-plays come more easily. The higher the level of the group, the easier it will be for them to create their own skits.

8. The non-verb vocabulary of a series may also be focused on with commands. For example, from "Des œufs brouillés" (pp. 68-69) you or your students can produce:

> Lancez-moi un œuf.
>
> Mettez le fouet à sa place.
>
> Passez-moi le sel, s'il vous plait.
>
> Versez un peu de lait dans la poêle.
>
> Allez chercher une serviette sèche.

9. You may write your own sequences to suit the particular needs, interests or environment of your students—such as medicine, business, flying, auto mechanics or any hobby or area of work.

10. Very brief action dialogs (2-6 lines) may be written and enacted after adequate preparation (see "General Procedures," pp. *xvii* to *xxxi*). Action dialogs are any dialogs with related actions and words. They are one of the basic types of TPR exercises. (See Seely and Romijn, *TPR is More Than Commands—At All Levels*, Berkeley, Calif.: Command Performance Language Institute, 1998, 2nd edition; in English only.) For example:

> 1 - Veux-tu me gratter le dos?
>
> 2 - Bien sûr, mais *d'abord*, c'est *toi* qui me grattes le dos. Ensuite *moi*, je te gratterai le dos.
>
> 1 - D'accord.

Try this one and you'll see how much fun these little dialogs can be.

Vous avez le droit de faire des copies de ce chèque de voyage, pour vos élèves/étudiant(e)s. À utiliser pour la série « Chèque de voyage » (pp. 70-71).

You have our permission to make copies of this traveler's check for your students to use with "Chèque de voyage" (pp. 70-71).

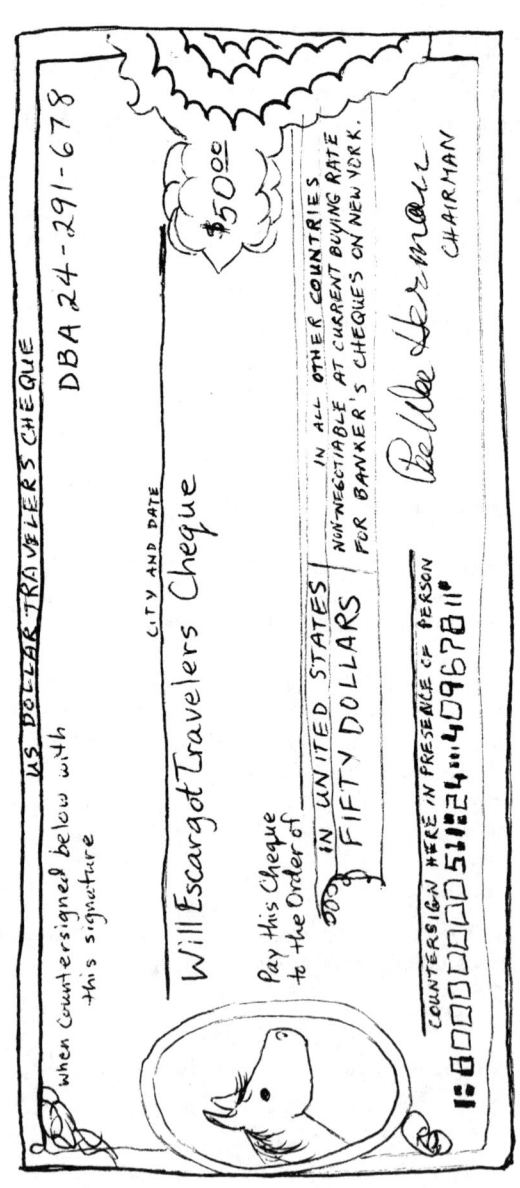

Les séries d'actions

LAVEZ-VOUS LES MAINS

1. Vous allez vous laver les mains.

2. Ouvrez le robinet.

3. Prenez le savon.

4. Lavez-vous les mains.

5. Remettez le savon à sa place.

6. Rincez-vous les mains.

7. Fermez le robinet.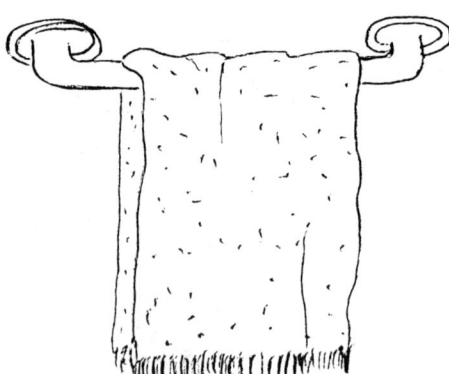

8. Prenez la serviette.

9. Essuyez-vous les mains.

10. Mettez la serviette sur le porte-serviettes.

LAVE-TOI LES MAINS

1. Tu vas te laver les mains.

2. Ouvre le robinet.

3. Prends le savon.

4. Lave-toi les mains.

5. Remets le savon à sa place.

6. Rince-toi les mains.

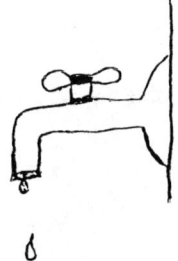

7. Ferme le robinet.

8. Prends la serviette.

9. Essuie-toi les mains.

10. Mets la serviette sur le porte-serviettes.

LA BOUGIE

1. Mettez la bougie dans le chandelier.

2. Cherchez vos allumettes.

3. Sortez une allumette.

4. Grattez-la.

5. Allumez la bougie.

6. Soufflez l'allumette.

7. Jetez-la.

8. Remettez la boîte d'allumettes à sa place.

9. Regardez la bougie.

10. Sentez-la.

11. Soufflez-la.

12. Touchez-la. Est-elle chaude ou froide?

LA BOUGIE

1. Mets la bougie dans le chandelier.

2. Cherche tes allumettes.

3. Sors une allumette.

4. Gratte-la.

5. Allume la bougie.

6. Souffle l'allumette.

7. Jette-la.

8. Remets la boîte d'allumettes à sa place.

9. Regarde la bougie.

10. Sens-la.

11. Souffle-la.

12. Touche-la. Est-elle chaude ou froide?

ALLEZ CHEZ VOUS

1. Allez chez vous.

2. Montez l'escalier.

3. Sortez votre clef.

4. Mettez-la dans le trou de la serrure.

5. Tournez la clef.

6. Mettez la clef à sa place.

7. Tournez le bouton de la porte.

8. Ouvrez la porte.

9. Entrez.

10. Fermez la porte.

11. Fermez la porte à clef.

12. Allumez la lumière.

13. Asseyez-vous et reposez-vous.

VA CHEZ TOI

1. Va chez toi.

2. Monte l'escalier.

3. Sors ta clef.

4. Mets-la dans le trou de la serrure.

5. Tourne la clef.

6. Mets la clef à sa place.

7. Tourne le bouton de la porte.

8. Ouvre la porte.

9. Entre.

10. Ferme la porte.

11. Ferme la porte à clef.

12. Allume la lumière.

13. Assieds-toi et repose-toi.

LE FROMAGE

1. Sortez le fromage de son emballage.

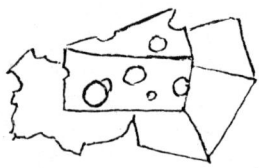

2. Mettez-le sur la planche à découper.

3. Prenez le couteau.

4. Coupez un petit morceau de fromage.

5. Goûtez-le.

6. Coupez-en un autre morceau.

7. Mangez-le.

8. Coupez un gros morceau de fromage.

9. Prenez-en une bouchée.

10. Mâchez-la et avalez.

11. Prenez une autre bouchée.

12. Mangez-la.

13. Emballez le reste du fromage.

LE FROMAGE

1. Sors le fromage de son emballage.

2. Mets-le sur la planche à découper.

3. Prends le couteau.

 4. Coupe un petit morceau de fromage.

5. Goûte-le.

6. Coupes-en un autre morceau.

7. Mange-le.

8. Coupe un gros morceau de fromage.

9. Prends-en une bouchée.

10. Mâche-la et avale.

11. Prends une autre bouchée.

12. Mange-la.

13. Emballe le reste du fromage.

LE BALLON

1. Vous allez jouer avec un ballon gonflable.

2. Etirez le ballon.

3. Etirez-le davantage.

4. Lâchez un des bouts.

5. Soufflez dans le ballon.

6. Ne le nouez pas au bout.

7. Laissez l'air en sortir lentement.

8. Regardez le ballon rétrécir.

9. Gonflez-le encore une fois.

10. Serrez-le, mais ne le faites pas éclater.

11. Lâchez-le et regardez-le s'envoler.

LE BALLON

1. Tu vas jouer avec un ballon gonflable.

2. Etire le ballon.

3. Etire-le davantage.

4. Lâche un des bouts.

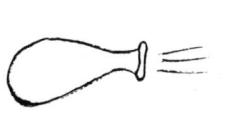

5. Souffle dans le ballon.

6. Ne le noue pas au bout.

7. Laisse l'air en sortir lentement.

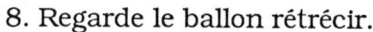

8. Regarde le ballon rétrécir.

9. Gonfle-le encore une fois.

10. Serre-le, mais ne le fais pas éclater.

11. Lâche-le et regarde-le s'envoler.

LE CHEWING-GUM

1. Allez au magasin.

2. Achetez un paquet de chewing-gum.

3. Ouvrez le paquet.

4. Sortez-en une tablette de chewing-gum.

5. Sortez-la de son emballage.

6. Mettez-la dans la bouche.

7. Mâchez-la.

8. Ne l'avalez pas.

9. Portez l'emballage à la poubelle.

10. Jetez-le.

11. Mettez le paquet de chewing-gum à sa place.

LE CHEWING-GUM

1. Va au magasin.

2. Achète un paquet de chewing-gum.

3. Ouvre le paquet.

4. Sors-en une tablette de chewing-gum.

5. Sors-la de son emballage.

6. Mets-la dans la bouche.

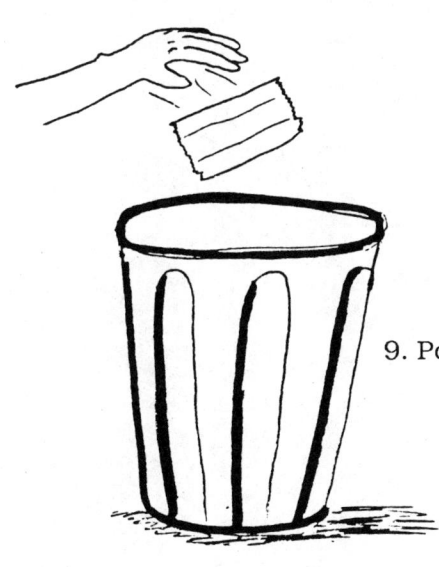

7. Mâche-la.

8. Ne l'avale pas.

9. Porte l'emballage à la poubelle.

10. Jette-le.

11. Mets le paquet de chewing-gum à sa place.

UN JEU : L'OBJET DISSIMULÉ

1. Nous allons faire un jeu.

2. Marie, fermez les yeux.

3. Ne les ouvrez pas.

4. Jean, cachez le/la _____.

5. Marie, ouvrez les yeux.

6. Mettez-vous debout.

7. Cherchez-le.
   Cherchez-la.

   Vous vous éloignez.

   Vous chauffez.

   Vous brûlez!

8. (Marie dit :) « Tenez, le/la voilà! »

9. Bien! Vous l'avez trouvé! / trouvée!

UN JEU : L'OBJET DISSIMULÉ

1. Nous allons faire un jeu.

2. Marie, ferme les yeux.

3. Ne les ouvre pas.

4. Jean, cache $\genfrac{}{}{0pt}{}{le}{la}$ _____ .

5. Marie, ouvre les yeux.

6. Mets-toi debout.

7. Cherche-le.
   Cherche-la.

Tu t'éloignes.

Tu chauffes.

Tu brûles.

8. (Marie dit :) « Tiens, $\genfrac{}{}{0pt}{}{le}{la}$ voilà! »

9. Bien! Tu l'as $\genfrac{}{}{0pt}{}{trouvé!}{trouvée!}$

LES VITAMINES

1. Vous allez prendre vos vitamines.

2. Prenez le flacon de vitamines.

3. Ôtez le bouchon.

4. Prenez un cachet de vitamine.

5. Remettez le bouchon.

6. Remettez le flacon à sa place.

7. Mettez le cachet dans votre bouche.

8. Buvez de l'eau et avalez le cachet.

9. Aie! Il s'est coincé dans la gorge!

10. Buvez encore de l'eau.

11. D'accord. Ça va. Je l'ai avalé.

LES VITAMINES

1. Tu vas prendre tes vitamines.

2. Prends le flacon de vitamines.

3. Ôte le bouchon.

4. Prends un cachet de vitamine.

5. Remets le bouchon.

6. Remets le flacon à sa place.

7. Mets le cachet dans ta bouche.

8. Bois de l'eau et avale le cachet.

9. Aie! Il s'est coincé dans la gorge!

10. Bois encore de l'eau.

11. D'accord. Ça va. Je l'ai avalé.

TAILLEZ VOTRE CRAYON

1. Prenez votre crayon.

2. Regardez la pointe du crayon.

3. Touchez-la avec le pouce.
   Elle n'est pas pointue.

4. Vous voulez que je vous prête
   mon taille-crayon?

le taille-crayon

5. Mettez le crayon dans le trou.

6. Taillez le crayon.

7. Touchez-en la pointe encore une fois.

   « Aie! C'est pointu. »

8. Nettoyez le taille-crayon.

9. Rendez-le moi.

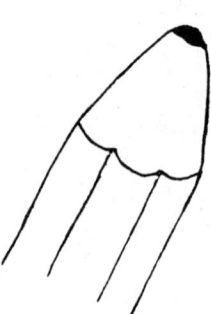

10. Ecrivez une lettre.

TAILLE TON CRAYON

1. Prends ton crayon.

2. Regarde la pointe du crayon.

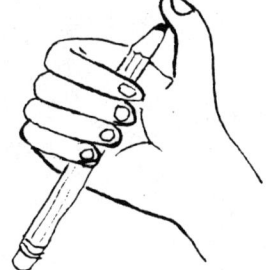

3. Touche-la avec le pouce. Elle n'est pas pointue.

4. Tu veux que je te prête mon taille-crayon?

5. Mets le crayon dans le trou.

6. Taille le crayon.

7. Touches-en la pointe encore une fois.

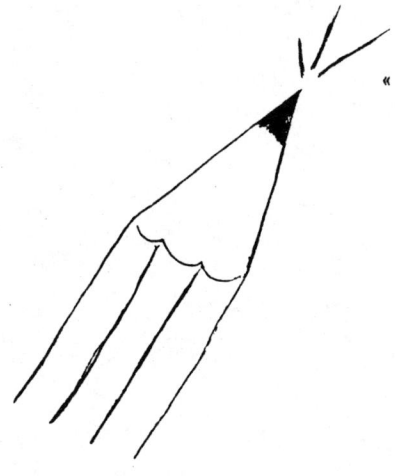

« Aie! C'est pointu. »

8. Nettoie le taille-crayon.

9. Rends-le moi.

10. Ecris une lettre.

LE HOQUET

1. Vous avez le hoquet.

2. Vous voulez vous en débarasser.

3. Respirez profondément.

4. Retenez votre respiration.

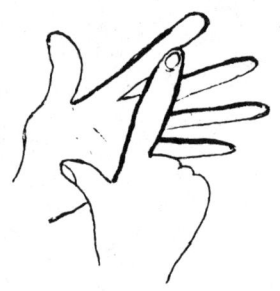

5. Comptez jusqu'à vingt sur les doigts.

6. Expirez bien.

7. Est-il parti?

8. Versez de l'eau dans un verre.

9. Buvez toute l'eau sans vous arrêter.

10. Est-il parti?

11. Prenez le poivre.

12. Mettez-en dans la paume de la main.

13. Reniflez-le.

14. Éternuez.

15. Est-il parti?

16. Retournez-vous.

17. Fermez les yeux.

18. BOU!

19. Est-il parti?

LE HOQUET

1. Tu as le hoquet.
2. Tu veux t'en débarasser.
3. Respire profondément.
4. Retiens ta respiration.
5. Compte jusqu'à vingt sur les doigts.
6. Expire bien.
7. Est-il parti?
8. Verse de l'eau dans un verre.

9. Bois toute l'eau sans t'arrêter.
10. Est-il parti?
11. Prends le poivre.
12. Mets-en dans la paume de la main.
13. Renifle-le.

14. Éternue.
15. Est-il parti?
16. Retourne-toi.
17. Ferme les yeux.
18. BOU!
19. Est-il parti?

ACHETEZ UN MANTEAU

1. Vous allez acheter un nouveau manteau.

2. Regardez dans les vitrines.

3. Ah! Voilà un joli manteau!
   Entrez dans le magasin.

4. Choisissez un manteau.

5. Ôtez-le du cintre.

6. Essayez-le.

7. Regardez-vous dans la glace.

8. Il est trop grand. Enlevez-le.

9. Remettez-le sur le cintre.

10. Accrochez-le.

11. Essayez-en un autre.

12. Celui-là vous va parfaitement bien.

13. Regardez le prix.

14. Il coûte combien?

15. Achetez-le.

ACHÈTE UN MANTEAU

1. Tu vas acheter un nouveau manteau.

2. Regarde dans les vitrines.

3. Ah! Voilà un joli manteau! Entre dans le magasin.

4. Choisis un manteau.

5. Ôte-le du cintre.

6. Essaye-le.

7. Regarde-toi dans la glace.

8. Il est trop grand. Enlève-le.

9. Remets-le sur le cintre.

10. Accroche-le.

11. Essayes-en un autre.

12. Celui-là te va parfaitement bien.

13. Regarde le prix.

14. Il coûte combien?

15. Achète-le.

UN VERRE DE LAIT

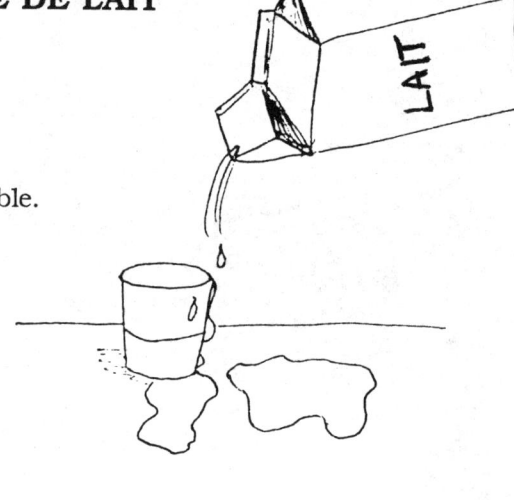

1. Versez-vous un verre de lait.

2. Répandez-en un peu sur la table.

   Zut!

3. Allez à l'évier.

4. Prenez un chiffon.

5. Mouillez-le.

6. Essorez-le.

7. Retournez à la table et essuyez le lait.

8. Retournez à l'évier.

9. Rincez le chiffon.

10. Mettez-le sur le robinet.

11. Retournez à la table où se trouve votre verre de lait.

12. Buvez votre lait.

13. Attention. Ne le répandez plus.

UN VERRE DE LAIT

1. Verse-toi un verre de lait.

2. Répands-en un peu sur la table.

Zut!

3. Va à l'évier.

4. Prends un chiffon.

5. Mouille-le.

6. Essore-le.

7. Retourne à la table et essuie le lait.

8. Retourne à l'évier.

9. Rince le chiffon.

10. Mets-le sur le robinet.

11. Retourne à la table où se trouve ton verre de lait.

12. Bois ton lait.

13. Attention. Ne le répands plus.

FAITES UN PAQUET CADEAU

1. Vous allez faire un paquet cadeau
   pour un ami. / une amie.

2. Emballez _____ dans du papier de soie.

3. Mettez-le / Mettez-la dans une boîte.

4. Mettez la boîte dans du papier d'emballage.

5. Emballez-la.

6. Pliez les bouts.

7. Prenez deux morceaux de scotch.

8. Scotchez le paquet aux extrémités.

9. Coupez un morceau de ruban.

10. Ficelez le paquet avec le ruban.

11. Faites un premier nœud.

12. Faites un joli et grand nœud.

13. Donnez le cadeau à votre ami. / amie.

« Merci! »

FAIS UN PAQUET CADEAU

1. Tu vas faire un paquet cadeau pour un ami. / une amie.

2. Emballe _____ dans du papier de soie.

3. Mets-le / Mets-la dans une boîte.

4. Mets la boîte dans du papier d'emballage.

5. Emballe-la.

6. Plie les bouts.

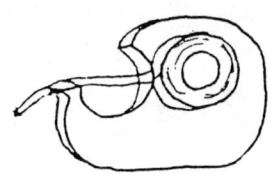

7. Prends deux morceaux de scotch.

8. Scotche le paquet aux extrémités.

9. Coupe un morceau de ruban.

10. Ficèle le paquet avec le ruban.

11. Fais un premier nœud.

12. Fais un joli et grand nœud.

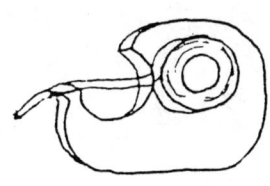

13. Donne le cadeau à ton ami. / amie.

« Merci! »

BONJOUR!

1. Il est sept heures du matin.

2. Réveillez-vous.

3. Etirez-vous, bâillez et frottez-vous les yeux.

4. Levez-vous.

5. Faites vos exercices de gymnastique.

6. Allez à la salle de bains.

7. Lavez-vous le visage.

8. Retournez à votre chambre.

9. Habillez-vous.

10. Faites le lit.

11. Allez à la cuisine.

12. Prenez votre petit déjeuner.

13. Lisez le journal.

14. Allez à la salle de bains et brossez-vous les dents.

15. Mettez votre manteau.

16. Embrassez votre famille et dites au revoir.

17. Sortez.

BONJOUR!

1. Il est sept heures du matin.

2. Réveille-toi.

3. Etire-toi, baîlle et frotte-toi les yeux.

4. Lève-toi.

5. Fais tes exercices de gymnastique.

6. Va à la salle de bains.

7. Lave-toi le visage.

8. Retourne à ta chambre.

9. Habille-toi.

10. Fais le lit.

11. Va à la cuisine.

12. Prends ton petit déjeuner.

13. Lis le journal.

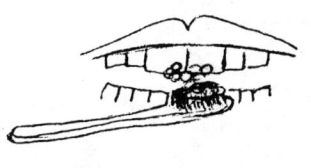

14. Va à la salle de bains et brosse-toi les dents.

15. Mets ton manteau.

16. Embrasse ta famille et dis au revoir.

17. Sors.

VOUS TOMBEZ MALADE

1. Vous ne vous sentez pas bien.

2. Couvrez-vous le nez et éternuez.

3. Sortez votre mouchoir.

4. Mouchez-vous.

5. Frottez-vous les yeux.

6. Couvrez-vous la bouche et toussez.

7. Sortez.

8. Allez à la pharmacie.

9. Oh, vous êtes très faible! Tombez.

10. Relevez-vous.

11. Entrez dans la pharmacie.

12. Achetez de l'aspirine, des kleenex et des gouttes pour le nez.

13. Rentrez chez vous et soignez-vous.

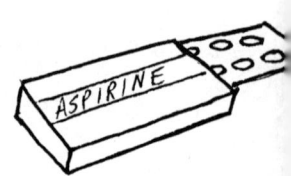

TU TOMBES MALADE

1. Tu ne te sens pas bien.

2. Couvre-toi le nez et éternue.

3. Sors ton mouchoir.

4. Mouche-toi.

5. Frotte-toi les yeux.

6. Couvre-toi la bouche et tousse.

7. Sors.

8. Va à la pharmacie.

9. Oh, tu es très faible! Tombe.

10. Relève-toi.

11. Entre dans la pharmacie.

12. Achète de l'aspirine, des kleenex et des gouttes pour le nez.

13. Rentre chez toi et soigne-toi.

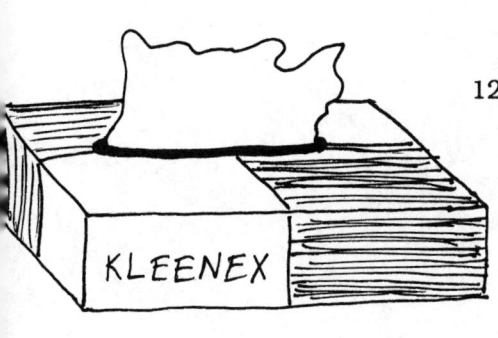

L'EMPLOYÉ DE BUREAU

1. Vous êtes un homme qui travaille dans un bureau.

2. Asseyez-vous à votre bureau.

3. Détendez-vous.

4. Lâchez le nœud de votre cravate.

5. Déboutonnez votre veste.

6. Ôtez-la.

7. Retroussez vos manches.

8. Défaites les lacets de vos chaussures.

9. Zut! Voilà le patron qui arrive.

10. Serrez le nœud de votre cravate.

11. Remettez votre veste.

12. Boutonnez-la.

13. Nouez les lacets de vos chaussures.

14. Mettez-vous au travail.

15. Dites bonjour au patron.

L'EMPLOYÉ DE BUREAU

1. Tu es un homme qui travaille dans un bureau.

2. Assieds-toi à ton bureau.

3. Détends-toi.

4. Lâche le nœud de ta cravate.

5. Déboutonne ta veste.

6. Ôte-la.

7. Retrousse tes manches.

8. Défais les lacets de tes chaussures.

9. Zut! Voilà le patron qui arrive.

10. Serre le nœud de ta cravate.

11. Remets ta veste.

12. Boutonne-la.

13. Noue les lacets de tes chaussures.

14. Mets-toi au travail.

15. Dis bonjour au patron.

COUSEZ UN BOUTON

1. Vous allez coudre un bouton.

2. Coupez un bout de fil.

3. Enfilez l'aiguille.

4. Faites un nœud au bout du fil.

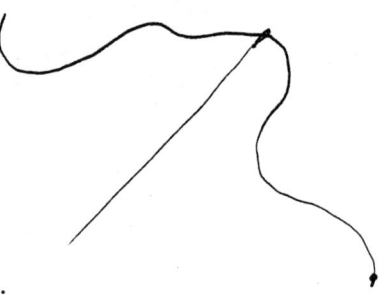

5. Passez l'aiguille à travers le tissu.

6. Passez l'aiguille à travers
   l'un des trous du bouton.

7. Passez-la à travers l'autre trou.

8. Passez-la encore une fois à travers le tissu.

9. Tirez-la fort.

10. Faites la même chose, encore et encore.

11. Pour le dernier coup d'aiguille,
    passez l'aiguille à travers la boucle et tirez fort.

12. Coupez le fil avec vos dents.

COUDS UN BOUTON

1. Tu vas coudre un bouton.

2. Coupe un bout de fil.

3. Enfile l'aiguille.

4. Fais un nœud au bout du fil.

5. Passe l'aiguille à travers le tissu.

6. Passe l'aiguille à travers l'un des trous du bouton.

7. Passe-la à travers l'autre trou.

8. Passe-la encore une fois à travers le tissu.

9. Tire-la fort.

10. Fais la même chose, encore et encore.

11. Pour le dernier coup d'aiguille, passe l'aiguille à travers la boucle et tire fort.

12. Coupe le fil avec tes dents.

PEIGNEZ UN TABLEAU

1. Vous allez peindre un tableau.

2. Étalez quelques vieux journaux.

3. Sortez une feuille de papier.

4. Ouvrez le pot de peinture jaune.

5. Prenez le pinceau.

6. Trempez-le dans la peinture.

7. Peignez un/une ⎯⎯⎯⎯⎯.

8. Laissez sécher le tableau.

9. Fermez le pot de peinture et mettez-le de côté.

10. Rincez le pinceau.

11. Séchez-le avec un chiffon.

12. Accrochez le tableau au mur.

13. Pliez les journaux.

14. Mettez-les de côté.

PEINS UN TABLEAU

1. Tu vas peindre un tableau.

2. Étale quelques vieux journaux.

3. Sors une feuille de papier.

4. Ouvre le pot de peinture jaune.

5. Prends le pinceau.

6. Trempe-le dans la peinture.

7. Peins un/une ―――――.

8. Laisse sécher le tableau.

9. Ferme le pot de peinture et mets-le de côté.

10. Rince le pinceau.

11. Sèche-le avec un chiffon.

12. Accroche le tableau au mur.

13. Plie les journaux.

14. Mets-les de côté.

PRENEZ L'AVION

1. Vous allez à Tahiti.

2. Montez dans l'avion.

3. Cherchez le numéro de votre siège.

4. Asseyez-vous.

5. Attachez votre ceinture.

6. Elle est trop serrée.

7. Lâchez-la un peu.

8. Maintenant elle est trop lâche.

9. Serrez-la.

10. D'accord. Ça y est!

11. Nous décollons.

12. Maintenant nous volons.

13. Détachez votre ceinture.

14. Etes-vous à l'aise?

    « Oui, tout à fait. »

15. Je vous souhaite un bon voyage.

PRENDS L'AVION

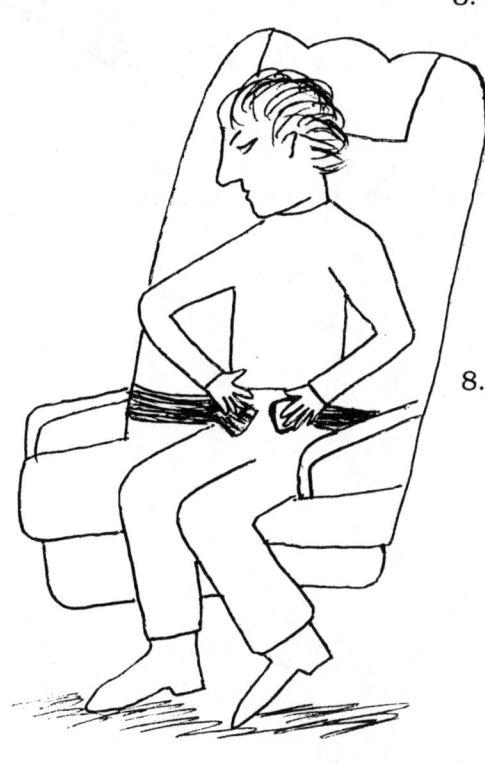

1. Tu vas à Tahiti.

2. Monte dans l'avion.

3. Cherche le numéro de ton siège.

4. Assieds-toi.

5. Attache ta ceinture.

6. Elle est trop serrée.

7. Lâche-la un peu.

8. Maintenant elle est trop lâche.

9. Serre-la.

10. D'accord. Ça y est!

11. Nous décollons.

12. Maintenant nous volons.

13. Détache ta ceinture.

14. Es-tu à l'aise?

« Oui, tout à fait. »

15. Je te souhaite un bon voyage.

ECOUTER UNE CASSETTE

1. Je voudrais que vous appreniez cette chanson. Elle est géniale!

2. Allumez la radio.

3. Mettez en mode cassette (appuyez sur *tape*).

4. Appuyez sur *stop/eject*.

5. Insérez la cassette.

6. Appuyez sur *lecture* (ou *play*).

7. Oh, non, vous vous êtes trompé. Allez plus loin, appuyez sur *avance rapide* (ou *fast-forward*).

8. Bon, appuyez de nouveau sur *lecture* (ou *play*).

9. Oh, non, c'est sur l'autre face!

10. Appuyez sur *stop/eject*, deux fois de suite.

11. Enlevez la cassette.

12. Tournez-la.

13. Remettez-la dans l'appareil.

14. Rembobinez-la, revenez au début.

15. Bien, essayez ici.

16. Oui, c'est bien ça.

17. J'adore cette chanson! Si vous voulez, je vous l'enregistre.

LO — doucement
HI — fort
TAPE — cassette
RECORD — enregistrement
TUNING — réglage

VOLUME — volume
FAST-F — avance rapide
REWIND — retour rapide
EJECT — éjecter

ECOUTER UNE CASSETTE

1. Je voudrais que tu apprennes cette chanson. Elle est géniale!

2. Allume la radio.

3. Mets en mode cassette (appuie sur *tape*).

4. Appuie sur *stop/eject*.

5. Insère la cassette.

6. Appuie sur *lecture* (ou *play*).

7. Oh, non, tu t'es trompé. Va plus loin, appuie sur *avance rapide* (ou *fast-forward*).

8. Bon, appuie de nouveau sur *lecture* (ou *play*).

9. Oh, non, c'est sur l'autre face!

10. Appuie sur *stop/eject*, deux fois de suite.

11. Enlève la cassette.

12. Tourne-la.

13. Remets-la dans l'appareil.

14. Rembobine-la, reviens au début.

15. Bien, essaye ici.

16. Oui, c'est bien ça.

17. J'adore cette chanson! Si tu veux, je te l'enregistre.

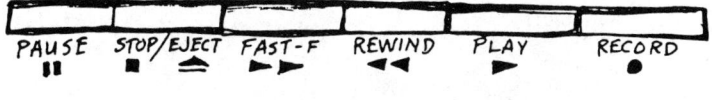

LE RESTAURANT

1. Vous sortez pour dîner.

2. Entrez dans un restaurant.

3. Cherchez une table qui n'est pas occupée.

4. Asseyez-vous.

5. Prenez la carte et choisissez quelque chose.

6. Oh, voilà le garçon / la serveuse qui arrive.

7. Commandez du bifteck, du riz et de la salade.

8. Dépliez votre serviette.

9. Mettez-la sur vos genoux.

10. Prenez un peu d'eau.

11. Voilà votre plat!

12. Bon appétit!

LE RESTAURANT

1. Tu sors pour dîner.

2. Entre dans un restaurant.

3. Cherche une table qui n'est pas occupée.

4. Assieds-toi.

5. Prends la carte et choisis quelque chose.

6. Oh, voilà le garçon / la serveuse qui arrive.

7. Commande du bifteck, du riz et de la salade.

8. Déplie ta serviette.

9. Mets-la sur tes genoux.

10. Prends un peu d'eau.

11. Voilà ton plat!

12. Bon appétit!

OUVREZ UN CADEAU

1. Vous avez reçu un cadeau de votre ami. / amie.

2. Examinez-le de tous les côtés.

3. Touchez-le.

4. Secouez-le et collez-y l'oreille pour écouter.

5. Devinez ce qu'il y a dedans.

6. Déchirez le papier d'emballage.

7. Faites-en une boule et jetez-la.

8. Ouvrez la boîte un tout petit peu seulement.

9. Jetez-y un coup d'œil. Qu'est-ce que c'est?

10. Mon Dieu! C'est exactement ce que vous vouliez!

11. Ouvrez la boîte et sortez le cadeau.

12. Dites: « Oh, merci! »

OUVRE UN CADEAU

1. Tu as reçu un cadeau de ton ami./amie.

2. Examine-le de tous les côtés.

3. Touche-le.

4. Secoue-le et colles-y l'oreille pour écouter.

5. Devine ce qu'il y a dedans.

6. Déchire le papier d'emballage.

7. Fais-en une boule et jette-la.

8. Ouvre la boîte un tout petit peu seulement.

9. Jettes-y un coup d'œil. Qu'est-ce que c'est?

10. Mon Dieu! C'est exactement ce que tu voulais!

11. Ouvre la boîte et sors le cadeau.

12. Dis: « Oh, merci! »

UNE CHEMISE CHIFFONNÉE

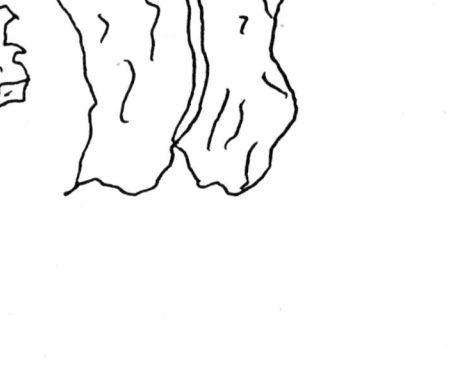

1. Votre chemise est chiffonnée.
2. Vous feriez mieux de la repasser.
3. Montez la planche à repasser.
4. Sortez le fer à repasser.
5. Branchez-le.
6. Posez-le sur la planche à repasser.
7. Réglez-le.
8. Attendez qu'il chauffe.
9. Mettez votre chemise sur la planche à repasser.
10. Humectez-la avec la pattemouille.
11. Est-ce que le fer est déjà chaud?
12. Ça y est. Repassez le col.
13. Maintenant repassez les manchettes.
14. Ensuite repassez les manches.
15. Maintenant repassez le reste de la chemise.
16. Vous avez terminé?
17. Mettez-la.
18. Ce qu'elle est jolie! Plus de faux plis.
19. Bravo! Bon travail.

UNE CHEMISE CHIFFONNÉE

1. Ta chemise est chiffonnée.
2. Tu ferais mieux de la repasser.
3. Monte la planche à repasser.
4. Sors le fer à repasser.
5. Branche-le.
6. Pose-le sur la planche à repasser.
7. Règle-le.
8. Attends qu'il chauffe.
9. Mets ta chemise sur la planche à repasser.
10. Humecte-la avec la pattemouille.
11. Est-ce que le fer est déjà chaud?
12. Ça y est. Repasse le col.
13. Maintenant repasse les manchettes.
14. Ensuite repasse les manches.
15. Maintenant repasse le reste de la chemise.
16. Tu as terminé?
17. Mets-la.
18. Ce qu'elle est jolie! Plus de faux plis.
19. Bravo! Bon travail.

LA GLACE ET LA TÉLÉ

1. Allez au frigidaire.

2. Ouvrez le congélateur.

3. Sortez la glace.

4. Fermez le congélateur.

5. Mettez de la glace dans un bol.

6. Laissez la boîte sur le comptoir.

7. Allez dans l'autre pièce.

8. Allumez la télé.

9. Asseyez-vous et regardez votre émission préférée.

10. Mangez votre glace.

11. Terminez-la et retournez pour en reprendre.

12. Ah non! La glace a fondu! Vous avez oublié de la mettre au congélateur. Quel gâchis!

LA GLACE ET LA TÉLÉ

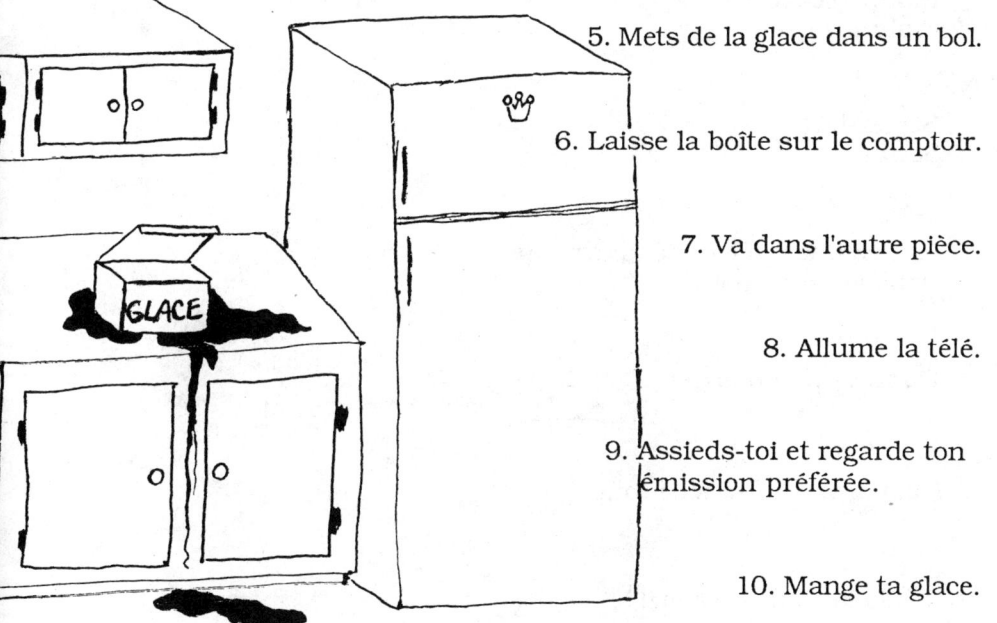

1. Va au frigidaire.

2. Ouvre le congélateur.

3. Sors la glace.

4. Ferme le congélateur.

5. Mets de la glace dans un bol.

6. Laisse la boîte sur le comptoir.

7. Va dans l'autre pièce.

8. Allume la télé.

9. Assieds-toi et regarde ton émission préférée.

10. Mange ta glace.

11. Termine-la et retourne pour en reprendre.

12. Ah non! La glace a fondu! Tu as oublié de la mettre au congélateur. Quel gâchis!

OCCUPEZ-VOUS D'UN BÉBÉ

1. Vous allez vous occuper d'un bébé.

2. Prenez-le sur vos genoux.

3. Oh, qu'il est mignon!

4. C'est une fille ou un garçon?

5. Embrassez-le.
   Embrassez-la.

6. Serrez-le
   Serrez-la dans vos bras.

7. Prenez une cuillère de nourriture dans le « petit pot ».

8. Donnez-lui à manger.

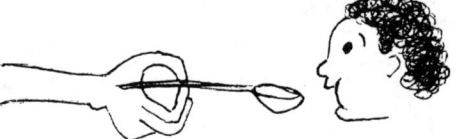

9. Oh, tenez! Il / Elle crache tout.

10. Oh là là! Quelle saleté!

11. Mettez-le
    Mettez-la par terre et nettoyez tout.

12. Ce qu'il est sale, ce bébé!

OCCUPE-TOI D'UN BÉBÉ

1. Tu vas t'occuper d'un bébé.

2. Prends-le sur tes genoux.

3. Oh, qu'il est mignon!

4. C'est une fille ou un garçon?

5. Embrasse-le.
   Embrasse-la.

6. Serre-le
   Serre-la dans vos bras.

7. Prends une cuillère de nourriture dans le « petit pot ».

8. Donne-lui à manger.

9. Oh, tiens! Il / Elle crache tout.

10. Oh là là! Quelle saleté!

11. Mets-le
    Mets-la par terre et nettoie tout.

12. Ce qu'il est sale, ce bébé!

UN VERRE BRISÉ

BING!

1. Zut! Vous avez brisé un verre.

2. Ramassez les gros morceaux.

3. Attention! Ne vous coupez pas.

4. Portez-les à la poubelle.

5. Jetez-les.

6. Allez chercher la pelle et le balai.

7. Retournez à l'endroit où vous avez brisé le verre.

8. Penchez-vous et balayez les petits morceaux. Mettez-les dans la pelle.

9. Jetez-les dans la poubelle.

10. Rangez la pelle et le balai.

11. Allez chercher un autre verre.

12. Attention! Cette fois-ci ne le brisez pas.

UN VERRE BRISÉ

BING!

1. Zut! Tu as brisé un verre.

2. Ramasse les gros morceaux.

3. Attention! Ne te coupe pas.

4. Porte-les à la poubelle.

5. Jette-les.

6. Va chercher la pelle et le balai.

7. Retourne à l'endroit où tu as brisé le verre.

8. Penche-toi et balaye les petits morceaux. Mets-les dans la pelle.

9. Jette-les dans la poubelle.

10. Range la pelle et le balai.

11. Va chercher un autre verre.

12. Attention! Cette fois-ci ne le brise pas.

UN ALLER-RETOUR DE LA TERRE À LA LUNE

1. L'une de vos mains est une fusée.

2. L'autre est la lune.

3. Vos genoux sont la Terre.

4. Décollez.

5. Volez vers la lune.

6. Volez autour de la lune.

7. Atterrisez sur la lune.

8. Décollez.

9. Volez vers la Terre.

10. Essayez d'atterrir sur la Terre.

11. Parbleu! Quelque chose ne marche pas.

12. La fusée tombe.

13. Elle s'écrase dans le désert.

UN ALLER-RETOUR DE LA TERRE À LA LUNE

1. L'une de tes mains est une fusée.

2. L'autre est la lune.

3. Tes genoux sont la Terre.

4. Décolle.

la lune

5. Vole vers la lune.

6. Vole autour de la lune.

une étoile

7. Atterris sur la lune.

8. Décolle.

9. Vole vers la Terre.

10. Essaye d'atterrir sur la Terre.

11. Parbleu! Quelque chose ne marche pas.

12. La fusée tombe.

13. Elle s'écrase dans le désert.

JOUONS AU BALLON

1. Hé, monsieur! madame! mademoiselle!   Attrappez!

2. Bien!

3. Lancez-moi le ballon.

4. Zut! Je l'ai laissé tomber.

5. Venez ici et prenez-le, s'il vous plaît.

6. D'accord. Maintenant faites-le rebondir sur le plancher.

7. Faites-le rebondir contre le mur.

8. Essayez de l'attrapper.

9. Oh! Vous l'avez manqué. Allez le chercher.

10. Lancez-le en l'air.

11. Faites-le rouler vers moi.

12. Ça y est! Très bien.

13. Renvoyez-le-moi.

14. Merci. Maintenant je dois rentrer chez moi. Salut!

15. Ah, à propos, voulez-vous encore jouer demain?

JOUONS AU BALLON

1. Hé, Jean! Attrappe!

2. Bien!

3. Lance-moi le ballon.

4. Zut! Je l'ai laissé tomber.

5. Viens ici et prends-le, s'il te plaît.

6. D'accord. Maintenant fais-le rebondir sur le plancher.

7. Fais-le rebondir contre le mur.

8. Essaye de l'attrapper.

9. Oh! Tu l'as manqué. Va le chercher.

10. Lance-le en l'air.

11. Fais-le rouler vers moi.

12. Ça y est! Très bien.

13. Renvoie-le-moi.

14. Merci. Maintenant je dois rentrer chez moi. Salut!

15. Ah, à propos, veux-tu encore jouer demain?

DES CÉRÉALES POUR LE PETIT DEJEUNER

1. Vous allez avoir des céréales au petit déjeuner.

2. Ouvrez la boîte.

3. Mettez des céréales dans votre bol.

4. Attention, vous avez renversé des céréales sur la table!

5. Ramassez-les et remettez-les dans le bol.

6. Fermez la boite de céréales.

7. Ajoutez un peu de sucre.

8. Mélangez avec du lait.

9. Prenez une cuillérée pour goûter.

10. Mâchez-la.

11. Avalez.

DES CÉRÉALES POUR LE PETIT DEJEUNER

1. Tu vas avoir des céréales au petit déjeuner.

2. Ouvre la boîte.

3. Mets des céréales dans ton bol.

4. Attention, tu as renversé des céréales sur la table!

5. Ramasse-les et remets-les dans le bol.

6. Ferme la boîte de céréales.

7. Ajoute un peu de sucre.

8. Mélange avec du lait.

9. Prends une cuillérée pour goûter.

10. Mâche-la.

11. Avale.

UTILISEZ UNE CABINE TÉLÉPHONIQUE

1. Vous allez passer un coup de fil.

2. Entrez dans la cabine téléphonique.

3. Décrochez le combiné.

4. Sortez une pièce.

5. Introduisez-la dans la fente.

6. Attendez la tonalité....... Vous l'entendez?

7. Composez le numéro.

8. C'est occupé. Raccrochez le combiné.

9. Récupérez votre pièce.

10. Attendez quelques instants.

11. Sifflez une mélodie.

12. Essayez de rappeler.

13. Ça y est. Vous entendez la sonnerie.

14. Parlez à votre ami./amie.

UTILISE UNE CABINE TÉLÉPHONIQUE

1. Tu vas passer un coup de fil.

2. Entre dans la cabine téléphonique.

3. Décroche le combiné.

4. Sors une pièce.

5. Introduis-la dans la fente.

6. Attends la tonalité....... Tu l'entends?

7. Compose le numéro.

8. C'est occupé. Raccroche le combiné.

9. Récupère ta pièce.

10. Attends quelques instants.

11. Siffle une mélodie.

12. Essaye de rappeler.

13. Ça y est. Tu entends la sonnerie.

14. Parle à ton ami./amie.

DE LA SOUPE POUR DÎNER

1. Vous allez réchauffer de la soupe pour dîner.

2. Prenez l'ouvre-boîte.

3. Ouvrez la boîte.

4. Versez la soupe dans une casserole.

5. Ajoutez une tasse d'eau.

6. Remuez-la.

7. Mettez-la sur la cuisinière.

8. Couvrez-la.

9. Allumez la cuisinière.

10. Attendez que la soupe se réchauffe.

11. Levez le couvercle et goûtez-la.

12. Elle est bonne. Éteignez la cuisinière.

13. Versez la soupe dans votre bol.

14. Prenez une gorgée.

15. Elle est trop chaude! Soufflez.

16. Attendez qu'elle se refroidisse un peu.

17. Bon! Maintenant goûtez-la de nouveau.

    « Ah! Elle est parfaite. »

DE LA SOUPE POUR DÎNER

1. Tu vas réchauffer de la soupe pour dîner.

2. Prends l'ouvre-boîte.

3. Ouvre la boîte.

4. Verse la soupe dans une casserole.

5. Ajoute une tasse d'eau.

6. Remue-la.

7. Mets-la sur la cuisinière.

8. Couvre-la.

9. Allume la cuisinière.

10. Attends que la soupe se réchauffe.

11. Lève le couvercle et goûte-la.

12. Elle est bonne. Éteins la cuisinière.

13. Verse la soupe dans ton bol.

14. Prends une gorgée.

15. Elle est trop chaude! Souffle.

16. Attends qu'elle se refroidisse un peu.

17. Bon! Maintenant goûte-la de nouveau.

« Ah! Elle est parfaite. »

CHANGEZ UNE AMPOULE

1. Allumez la lumière. L'ampoule est grillée!

2. Vous devez changer l'ampoule.

3. Allez en chercher une autre.

4. Débranchez la lampe.

5. Enlevez l'abat-jour.

6. Dévissez la vieille ampoule.

7. Vissez la nouvelle ampoule dans la douille.

8. Remettez l'abat-jour sur la lampe.

9. Branchez la lampe.

10. Allumez-la. Ça marche.

11. Jetez la vieille ampoule.

CHANGE UNE AMPOULE

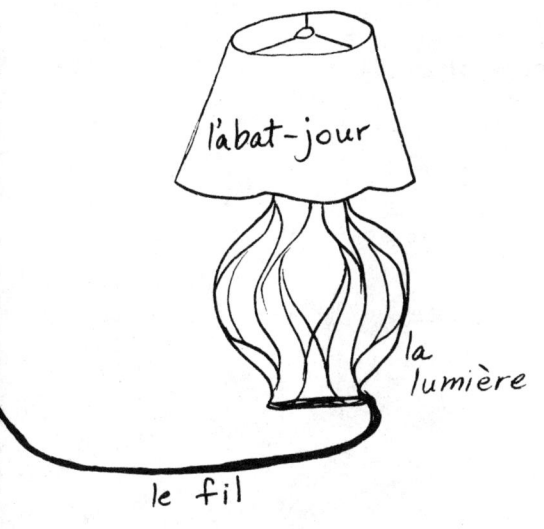

1. Allume la lumière. L'ampoule est grillée!

2. Tu dois changer l'ampoule.

3. Va en chercher une autre.

4. Débranche la lampe.

5. Enlève l'abat-jour.

6. Dévisse la vieille ampoule.

7. Visse la nouvelle ampoule dans la douille.

8. Remets l'abat-jour sur la lampe.

9. Branche la lampe.

10. Allume-la. Ça marche.

11. Jette la vieille ampoule.

UN GENOU ENSANGLANTÉ

1. Vous marchez le long de la rue.

2. Tombez, écorchez-vous le genou et criez.

3. Relevez-vous.

4. Pleurez. Ça fait mal.

5. Regardez votre genou. Il est ensanglanté!

6. Mettez votre mouchoir dessus.

7. Boitez jusqu'à la pharmacie.

8. Achetez de l'iode et un pansement.

9. Boitez jusqu'à la maison.

10. Lavez la blessure.

11. Mettez de l'iode. Aïe! Ça pique!

12. Soufflez.

13. Ouvrez le sparadrap.

14. Pansez la blessure.

15. Jetez l'emballage.

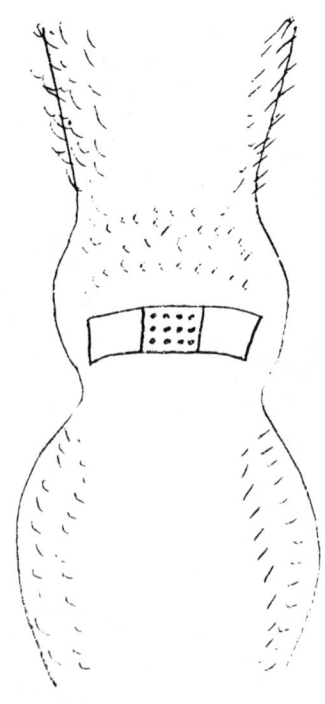

UN GENOU ENSANGLANTÉ

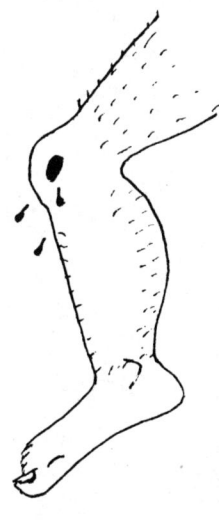

1. Tu marches le long de la rue.

2. Tombe, écorche-toi le genou et crie.

3. Relève-toi.

4. Pleure. Ça fait mal.

5. Regarde ton genou. Il est ensanglanté!

6. Mets ton mouchoir dessus.

7. Boite jusqu'à la pharmacie.

8. Achète de l'iode et un pansement.

9. Boite jusqu'à la maison.

10. Lave la blessure.

11. Mets de l'iode. Aie! Ça pique!

12. Souffle.

13. Ouvre le sparadrap.

14. Panse la blessure.

15. Jette l'emballage.

DES ŒUFS BROUILLÉS

1. Vous allez préparer des œufs brouillés pour le déjeuner.

2. Cassez trois œufs dans un bol. ○𝒪○

3. Prenez le fouet.

4. Fouettez les œufs.

5. Ajoutez du sel et un peu de lait.

6. Mélangez avec une cuillère.

7. Mettez de l'huile dans la poêle.

8. Mettez-la sur la cuisinière pour la réchauffer.

9. Versez les œufs fouettés dans la poêle.

10. Cuisez-les.

11. Continuez à les remuer.

12. Avant qu'ils soient bien fermes, éteignez la cuisinière.

13. Mettez les œufs sur une assiette et mangez-les.

DES ŒUFS BROUILLÉS

1. Tu vas préparer des œufs brouillés pour le déjeuner.

2. Casse trois œufs dans un bol.

3. Prends le fouet.

4. Fouette les œufs.

5. Ajoute du sel et un peu de lait.

6. Mélange avec une cuillère.

7. Mets de l'huile dans la poêle.

8. Mets-la sur la cuisinière pour la réchauffer.

9. Verse les œufs fouettés dans la poêle.

10. Cuis-les.

11. Continue à les remuer.

12. Avant qu'ils soient bien fermes, éteins la cuisinière.

13. Mets les œufs sur une assiette et mange-les.

UN CHÈQUE DE VOYAGE*

1. Vous avez besoin d'encaisser un chèque de voyage.
2. Entrez dans la banque.
3. Sortez un chèque de voyage et votre passeport.
4. Allez faire la queue.
5. Faites la queue.
6. Attendez.
7. Avancez.
8. Allez au guichet.
9. Signez le chèque.
10. Donnez le chèque et votre passeport
    au caissier.
    à la caissière.
11. Dites-lui: « Je voudrais cinquante dollars en francs, s'il vous plaît. »
12. Attendez qu'il / qu'elle remplisse le formulaire.
13. Signez-le et écrivez la date.
14. Prenez l'argent et votre passeport.
15. Comptez l'argent.
16. Mettez-le dans votre portefeuille.
17. Mettez le passeport dans votre sac. / poche.
18. Sortez de la banque.

*Vous trouverez un chèque de voyage p. *xlvi*, juste avant la page 1.

UN CHÈQUE DE VOYAGE*

1. Tu as besoin d'encaisser un chèque de voyage.
2. Entre dans la banque.
3. Sors un chèque de voyage et ton passeport.
4. Va faire la queue.
5. Fais la queue.
6. Attends.
7. Avance.
8. Va au guichet.
9. Signe le chèque.
10. Donne le chèque et ton passeport au caissier. / à la caissière.
11. Dis-lui: « Je voudrais cinquante dollars en francs, s'il vous plaît. »
12. Attends qu'il / qu'elle remplisse le formulaire.
13. Signe-le et écris la date.
14. Prends l'argent et ton passeport.
15. Compte l'argent.
16. Mets-le dans ton portefeuille.
17. Mets le passeport dans ton sac. / ta poche.
18. Sors de la banque.

*Vous trouverez un chèque de voyage p. *xlvi*, juste avant la page 1.

UNE ASSIETTE CASSÉE

BING!

1. Zut! Vous avez cassé une assiette. Essayez de la réparer.

2. Ramassez tous les morceaux.

3. Déposez-les en faisant attention.

4. Allez chercher la colle.

5. Ôtez le bouchon.

6. Pressez le tube.

7. Mettez de la colle sur les bords cassés.

8. Collez les morceaux.

9. Faites-les adhérer pendant quelques instants.

10. Remettez le bouchon.

11. Remettez la colle à sa place.

12. Laissez sécher la colle pendant la nuit.

13. Génial! Vous l'avez réparée.

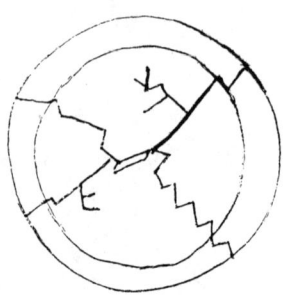

UNE ASSIETTE CASSÉE

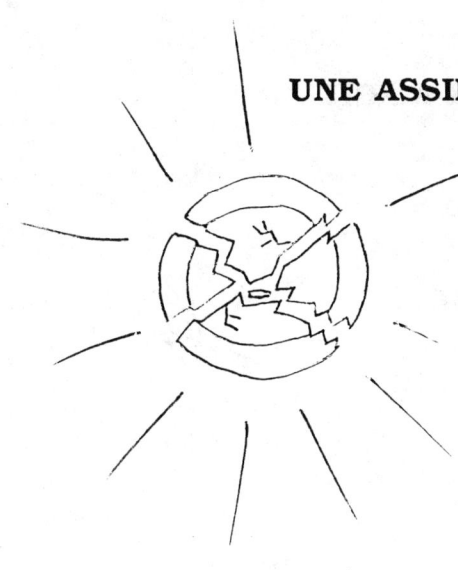

BING!

1. Zut! Tu as cassé une assiette. Essaye de la réparer.

2. Ramasse tous les morceaux.

3. Dépose-les en faisant attention.

4. Va chercher la colle.

5. Ôte le bouchon.

6. Presse le tube.

7. Mets de la colle sur les bords cassés.

8. Colle les morceaux.

9. Fais-les adhérer pendant quelques instants.

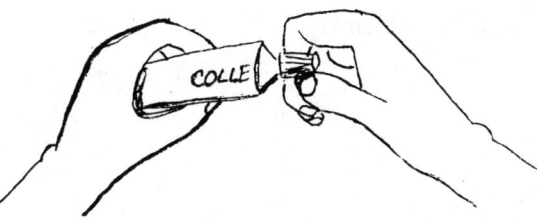

10. Remets le bouchon.

11. Remets la colle à sa place.

12. Laisse sécher la colle pendant la nuit.

13. Génial! Tu l'as réparée.

UN TOUR DE MAGIE

1. Vous allez faire un tour de magie.

2. Remplissez un verre avec de l'eau.

3. Trempez un morceau de fil dans l'eau pour le mouiller.

4. Roulez-le dans du sel.

5. Mettez un glaçon dans le verre d'eau.

6. Saupoudrez-le avec du sel.

7. Tenez l'un des bouts du fil.

8. Placez l'autre bout sur le glaçon.

9. Attendez une minute.

10. Prononcez le mot magique: « Abracadabra! »

11. Tirez le fil.

12. Super! C'est fantastique!

13. Vous êtes un magicien / une magicienne formidable!

UN TOUR DE MAGIE

1. Tu vas faire un tour de magie.

2. Remplis un verre avec de l'eau.

3. Trempe un morceau de fil dans l'eau pour le mouiller.

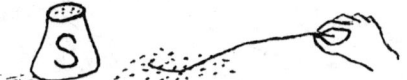

4. Roule-le dans du sel.

5. Mets un glaçon dans le verre d'eau.

6. Saupoudre-le avec du sel.

7. Tiens l'un des bouts du fil.

8. Place l'autre bout sur le glaçon.

9. Attends une minute.

10. Prononce le mot magique: « Abracadabra! »

11. Tire le fil.

12. Super! C'est fantastique!

13. Tu es un magicien / une magicienne formidable!

VOUS ALLEZ ÉCRIRE UNE LETTRE

1. Vous allez écrire une lettre à un ami. / une amie.

2. Écrivez la date dans le coin, à droite, en haut.

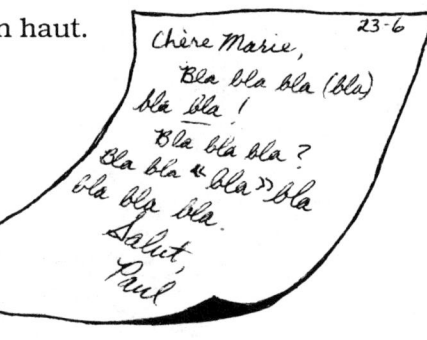

3. Écrivez la lettre.

4. Signez-la.

5. Pliez-la.

6. Mettez-la dans une enveloppe.

7. Humectez la colle et collez l'enveloppe.

8. Écrivez le nom et l'adresse de votre ami / amie sur l'enveloppe.

9. Écrivez votre nom et votre adresse, dans le coin à gauche, en haut.

10. Prenez un timbre.

11. Humectez-le.

12. Collez-le dans le coin droit, en haut.

13. Prenez la lettre et allez à la boîte postale.

14. Postez-la.

TU VAS ÉCRIRE UNE LETTRE

1. Tu vas écrire une lettre à un ami. / une amie.

2. Écris la date dans le coin, à droite, en haut.

3. Écris la lettre.

4. Signe-la.

5. Plie-la.

6. Mets-la dans une enveloppe.

7. Humecte la colle et colle l'enveloppe.

8. Écris le nom et l'adresse de ton ami / amie sur l'enveloppe.

9. Écris ton nom et ton adresse, dans le coin à gauche, en haut.

10. Prends un timbre.

11. Humecte-le.

12. Colle-le dans le coin droit, en haut.

13. Prends la lettre et va à la boîte postale.

14. Poste-la.

ALLEZ AU CINÉMA

1. Allez au cinéma.

2. Achetez un billet.

3. Allez à l'entrée et donnez le billet à l'ouvreuse. / l'ouvreur.

4. Entrez dans le hall du cinéma.

5. Achetez une glace et des bonbons.

6. Entrez dans la salle.

7. Cherchez une bonne place.

8. En voilà une. Asseyez-vous.

9. Regardez le film et souriez.

10. Oh, cette partie-là est triste. Pleurez.

11. Frottez-vous les yeux.

12. Cette partie-là est effrayante. Ouvrez de grands yeux et criez.

13. Cette partie-là est drôle. Riez.

14. Maintenant le film est fini. Applaudissez.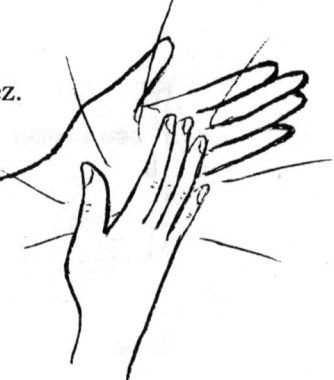

15. Levez-vous et partez.

16. Est-ce que le film vous a plu?

VA AU CINÉMA

1. Va au cinéma.

2. Achète un billet.

3. Va à l'entrée et donne le billet à l'ouvreuse. / l'ouvreur.

4. Entre dans le hall du cinéma.

5. Achète une glace et des bonbons.

6. Entre dans la salle.

7. Cherche une bonne place.

8. En voilà une. Assieds-toi.

9. Regarde le film et souris.

10. Oh, cette partie-là est triste. Pleure.

11. Frotte-toi les yeux.

12. Cette partie-là est effrayante. Ouvre de grands yeux et crie.

13. Cette partie-là est drôle. Ris.

14. Maintenant le film est fini. Applaudis.

15. Lève-toi et pars.

16. Est-ce que le film t'a plu?

FAITES UNE LISTE D'ACHATS

1. Faites une liste avec les produits dont vous avez besoin.

2. N'oubliez pas le beurre.

3. Effacez « sucre ». Vous en avez assez.

4. Biffez « bonbon ». Vous n'en avez pas besoin.

5. Soulignez « viande », pour ne pas oublier.

6. Encerclez « pain ». C'est important.

7. Ecrivez « LAIT » en majuscules.

8. Quelle liste désordonnée!

9. Recommencez.

10. Enumérez seulement les choses dont vous avez besoin.

11. Maintenant c'est mieux.

12. Biffez la première liste.

13. Prenez votre liste et allez au supermarché.

14. N'oubliez pas votre argent.

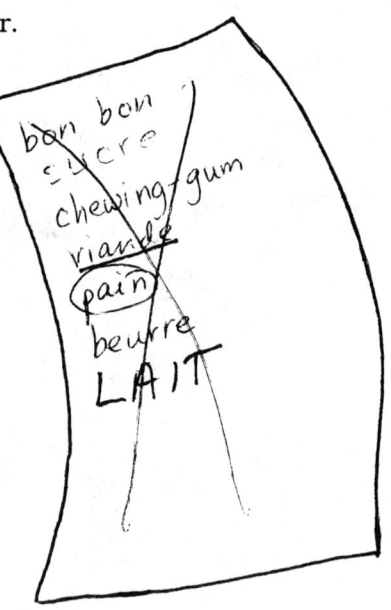

FAIS UNE LISTE D'ACHATS

1. Fais une liste avec les produits dont tu as besoin.

2. N'oublie pas le beurre.

3. Efface « sucre ». Tu en as assez.

4. Biffe « bonbon ». Tu n'en as pas besoin.

5. Souligne « viande », pour ne pas oublier.

6. Encercle « pain ». C'est important.

7. Ecris « LAIT » en majuscules.

8. Quelle liste désordonnée!

9. Recommence.

10. Enumère seulement les choses dont tu as besoin.

11. Maintenant c'est mieux.

12. Biffe la première liste.

13. Prends ta liste et va au supermarché.

14. N'oublie pas ton argent.

AU SUPERMARCHÉ

1. Vous êtes au supermarché.

2. Allez au rayon des fruits et légumes.

3. Choisissez quelques fruits.

4. Mettez-les dans votre chariot.

5. Choisissez quelques légumes.

6. Pesez-les.

7. C'est un peu trop. Remettez-en quelques-uns à leur place.

8. Allez au rayon des produits laitiers.

9. Choisissez quelques œufs.

10. Ça suffit. Dirigez-vous vers la caisse.

11. Faites la queue.

12. Dites bonjour à la caissière. / au caissier.

13. Payez vos marchandises.

14. Mettez-les dans des sacs.

15. Prenez les sacs et rentrez chez vous.

AU SUPERMARCHÉ

1. Tu es au supermarché.

2. Va au rayon des fruits et légumes.

3. Choisis quelques fruits.

4. Mets-les dans ton chariot.

5. Choisis quelques légumes.

6. Pèse-les.

7. C'est un peu trop. Remets-en quelques-uns à leur place.

8. Va au rayon des produits laitiers.

9. Choisis quelques œufs.

10. Ça suffit. Dirige-toi vers la caisse.

11. Fais la queue.

12. Dis bonjour à la caissière. / au caissier.

13. Paye tes marchandises.

14. Mets-les dans des sacs.

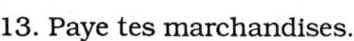

15. Prends les sacs et rentre chez toi.

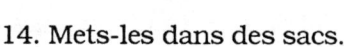

DONNER LES DIRECTIONS

1. Allons chez M./Mme/Mlle _____ .

2. Vous conduisez. Je m'assieds à côté de vous.

3. C'est par là. Il faut partir dans l'autre sens.

4. Allez jusqu'au feu.

5. Au feu, tournez à gauche.

6. Entrez sur l'autoroute, juste après le magasin.

7. Je crois que c'est la seconde sortie. C'est ça, prenez la sortie en direction de Lapallisse.

8. Allez tout droit, jusqu'à la troisième rue.

9. Tournez à droite, après le stop.

10. Hé, ralentissez!

11. Prenez la rue qui monte, il/elle habite en haut de la colline.

12. Oh, on l'a dépassée, reculez.

13. C'est ici. Vous voyez, c'est la maison en face de l'école.

14. Vous pouvez vous garer ici.

DONNER LES DIRECTIONS

1. Allons chez _____ .

2. Tu conduis. Je m'assieds à côté de toi.

3. C'est par là. Il faut partir dans l'autre sens.

4. Va jusqu'au feu.

5. Au feu, tu tournes à gauche.

6. Entre sur l'autoroute, juste après le magasin.

7. Je crois que c'est la seconde sortie. C'est ça, prends la sortie en direction de Lapallisse.

8. Va tout droit, jusqu'à la troisième rue.

9. Tourne à droite, après le stop.

10. Hé, ralentis!

11. Prends la rue qui monte, il/elle habite en haut de la colline.

12. Oh, on l'a dépassée, recule.

13. C'est ici. Tu vois, c'est la maison en face de l'école.

14. Tu peux te garer ici.

UNE COUPE DE CHEVEUX

1. Vos cheveux sont trop longs.
   Vous allez les faire couper.

2. Allez chez le coiffeur. / la coiffeuse.

3. Le coiffeur est occupé. / La coiffeuse est occupée.

4. Asseyez-vous et attendez votre tour.

5. Lisez un magazine en attendant.

   « C'est votre tour! »

6. Levez-vous.

7. Allez vous asseoir sur la chaise du coiffeur. / de la coiffeuse.

8. Bavardez avec le coiffeur. / la coiffeuse.

9. Regardez-le / la faire.

10. D'accord. C'est fait. Regardez-vous dans la glace.

11. Ça vous va très bien! Levez-vous.

12. Payez le coiffeur. / la coiffeuse.

13. Il / Elle est formidable, ce coiffeur! / cette coiffeuse! Donnez-lui un pourboire.

UNE COUPE DE CHEVEUX

1. Tes cheveux sont trop longs. Tu vas les faire couper.

2. Va chez le coiffeur. / la coiffeuse.

3. Le coiffeur est occupé. / La coiffeuse est occupée.

4. Assieds-toi et attends ton tour.

5. Lis un magazine en attendant.

« C'est ton tour! »

6. Lève-toi.

7. Va t'asseoir sur la chaise du coiffeur. / de la coiffeuse.

8. Bavarde avec le coiffeur. / la coiffeuse.

9. Regarde-le / la faire.

10. D'accord. C'est fait. Regarde-toi dans la glace.

11. Ça te va très bien! Lève-toi.

12. Paye le coiffeur. / la coiffeuse.

13. Il est formidable, ce coiffeur! / Elle est formidable, cette coiffeuse! Donne-lui un pourboire.

MANGEZ DES ORANGES

1. Il y a trois façons de manger une orange.

2. *Voici la première:*

   3. Pelez-la.

   4. Ouvrez-la.

   5. Enlevez les pépins.

   6. Mangez chaque tranche.

7. *Voici la deuxième façon:*

   8. Coupez l'orange en deux, recoupez-la en quatre, puis en huit morceaux.

   9. Mangez seulement la pulpe et laissez de côté la peau.

   10. Crachez les pépins.

11. *Voici la troisième façon:*

   12. Roulez-la entre vos mains.

   13. Avec le couteau, faites un trou dans la peau.

   14. Pressez l'orange.

   15. Sucez le jus.

MANGE DES ORANGES

1. Il y a trois façons de manger une orange.

2. *Voici la première:*

    3. Pèle-la.

    4. Ouvre-la.

    5. Enlève les pépins.

    6. Mange chaque tranche.

7. *Voici la deuxième façon:*

    8. Coupe l'orange en deux, recoupe-la en quatre, puis en huit morceaux.

    9. Mange seulement la pulpe et laisse de côté la peau.

    10. Crache les pépins.

11. *Voici la troisième façon:*

    12. Roule-la entre tes mains.

    13. Avec le couteau, fais un trou dans la peau.

    14. Presse l'orange.

    15. Suce le jus.

UNE JOURNÉE PLUVIEUSE

1. Vous marchez sous la pluie.

2. Arrêtez-vous. Voici une grande flaque.

3. Faites un grand pas pour l'éviter.

4. Oh! Il a cessé de pleuvoir.
   Fermez votre parapluie.

5. Mettez-vous à courir.

6. Faites attention! Il y a de la boue!

7. Glissez dans la boue.

8. Tombez.

9. Relevez-vous et regardez-vous.
   Vous êtes plein/pleine de boue!

10. Retournez à la flaque.

11. Mettez-y vos pieds.

12. Tapez des pieds.

    FLAC!

13. Sautez à plusieurs reprises.

14. Eloignez-vous de cette flaque.

15. Regardez-vous! Vous êtes tout mouillé!/toute mouillée!

16. Rentrez chez vous et changez vos habits.

UNE JOURNÉE PLUVIEUSE

1. Tu marches sous la pluie.

2. Arrête-toi. Voici une grande flaque.

3. Fais un grand pas pour l'éviter.

4. Oh! Il a cessé de pleuvoir. Ferme ton parapluie.

5. Mets-toi à courir.

6. Fais attention! Il y a de la boue!

7. Glisse dans la boue.

8. Tombe.

9. Relève-toi et regarde-toi. Tu es plein/pleine de boue!

10. Retourne à la flaque.

11. Mets-y tes pieds.

12. Tape des pieds.

FLAC!

13. Saute à plusieurs reprises.

14. Eloigne-toi de cette flaque.

15. Regarde-toi! Tu es tout mouillé!/toute mouillée!

16. Rentre chez toi et change tes habits.

UN VOYAGE EN BUS PEU CONFORTABLE

1. Vous attendez le bus.

2. Ah, le voici! Il arrive.

3. Montez dans l'autobus.

4. Achetez un ticket au chauffeur.

5. Compostez un ticket.

6. Mon Dieu! Ce chauffeur est terrible! Tombez.

7. Relevez-vous.

8. Demandez au chauffeur de conduire plus attentivement.

9. Asseyez-vous. Regardez par la fenêtre.

10. Laissez-vous secouer.

11. N'oubliez pas votre arrêt.

12. Le voici. Appuyez sur la sonnette.

13. Ne vous levez pas avant que le bus ne s'arrête.

14. Ça y est. Maintenant levez-vous et dirigez-vous vers la porte du milieu.

15. Quand la porte s'ouvre, descendez de l'autobus.

16. Frottez-vous le front et dites: « Ouf! Quel voyage! »

UN VOYAGE EN BUS PEU CONFORTABLE

1. Tu attends le bus.

2. Ah, le voici! Il arrive.

3. Monte dans l'autobus.

4. Achète un ticket au chauffeur.

5. Composte un ticket.

6. Mon Dieu! Ce chauffeur est terrible! Tombe.

7. Relève-toi.

8. Demande au chauffeur de conduire plus attentivement.

9. Assieds-toi. Regarde par la fenêtre.

10. Laisse-toi secouer.

11. N'oublie pas ton arrêt.

12. Le voici. Appuie sur la sonnette.

13. Ne te lève pas avant que le bus ne s'arrête.

14. Ça y est. Maintenant lève-toi et dirige-toi vers la porte du milieu.

15. Quand la porte s'ouvre, descends de l'autobus.

16. Frotte-toi le front et dis: « Ouf! Quel voyage! »

FAITES UN FEU

1. Brrr! Il fait froid! Faisons un feu.

2. Prenez votre hache et allez au bois.

3. Coupez un vieil arbre.

4. Coupez une grosse bûche.

5. Portez-la dans la maison.

6. Déposez-la près de la cheminée.

7. Mettez du papier dans la cheminée.

8. Mettez quelques petits morceaux de bois sur le papier.

9. Placez la bûche sur les morceaux de bois.

10. Allumez une allumette.

11. Mettez le feu au papier.

12. Soufflez pour attiser le feu.

13. Bon! Ça brûle.

14. Asséyez-vous dans votre fauteuil.

15. Balancez-vous.

16. Regardez le feu. Magnifique! Fascinant!

17. Endormez-vous devant le feu.

FAIS UN FEU

1. Brrr! Il fait froid! Faisons un feu.
2. Prends ta hache et va au bois.
3. Coupe un vieil arbre.
4. Coupe une grosse bûche.
5. Porte-la dans la maison.
6. Dépose-la près de la cheminée.
7. Mets du papier dans la cheminée.
8. Mets quelques petits morceaux de bois sur le papier.
9. Place la bûche sur les morceaux de bois.
10. Allume une allumette.
11. Mets le feu au papier.
12. Souffle pour attiser le feu.
13. Bon! Ça brûle.
14. Assieds-toi sur ton fauteuil.
15. Balance-toi.
16. Regarde le feu. Magnifique! Fascinant!
17. Endors-toi devant le feu.

ALLEZ VOUS BAIGNER

1. Vous allez vous baigner.
2. Mettez votre maillot de bain.
3. Mettez-vous au bord de la piscine.
4. Pincez-vous le nez.
5. Aspirez profondément par la bouche.
6. Sautez dans l'eau.

    PLOUF!

7. Nagez vers l'autre bout de la piscine.
8. Montez l'escalier et sortez de la piscine.
9. Allez au tremplin.
10. Avancez jusqu'au bout du tremplin.
11. Plongez. Magnifique!
12. Nagez sous l'eau.
13. Retenez votre respiration.
14. Nagez vers la surface.
15. Agrippez-vous au bord de la piscine.
16. Barbotez dans l'eau.

VA TE BAIGNER

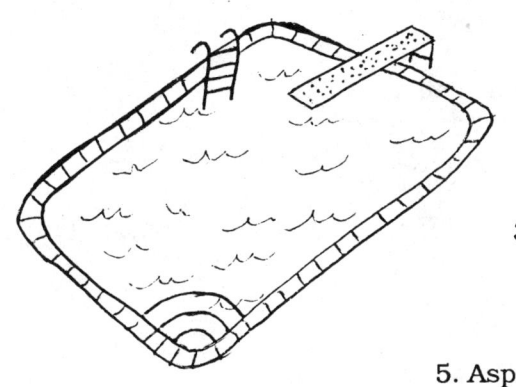

1. Tu vas te baigner.
2. Mets ton maillot de bain.
3. Mets-toi au bord de la piscine.
4. Pince-toi le nez.
5. Aspire profondément par la bouche.
6. Saute dans l'eau.

PLOUF!

7. Nage vers l'autre bout de la piscine.

8. Monte l'escalier et sors de la piscine.
9. Va au tremplin.
10. Avance jusqu'au bout du tremplin.

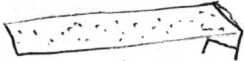

11. Plonge. Magnifique!
12. Nage sous l'eau.
13. Retiens ta respiration.
14. Nage vers la surface.
15. Agrippe-toi au bord de la piscine.
16. Barbote dans l'eau.

UNE TARTINE DE PAIN GRILLÉ

1. Vous allez manger une tartine de pain grillé.

2. Coupez une tranche de pain.

3. Mettez-la dans le grille-pain.

une tranche

4. Allumez le grille-pain.

5. Attendez une minute.

6. C'est fait!

7. Sortez le pain grillé et mettez-le sur votre assiette.

8. Tartinez-le avec du beurre.

9. Regardez fondre le beurre.

10. Mettez une cuillerée de confiture sur le pain grillé.

11. Tartinez-le avec un couteau.

12. Coupez le pain grillé en deux.

13. Prenez-en la moitié.

14. Goûtez votre tartine.

15. C'est bon?

16. Mangez-la toute.

UNE TARTINE DE PAIN GRILLÉ

1. Tu vas manger une tartine de pain grillé.

2. Coupe une tranche de pain.

3. Mets-la dans le grille-pain.

4. Allume le grille-pain.

5. Attends une minute.

6. C'est fait!

7. Sors le pain grillé et mets-le sur ton assiette.

8. Tartine-le avec du beurre.

9. Regarde fondre le beurre.

10. Mets une cuillerée de confiture sur le pain grillé.

11. Tartine-le avec un couteau.

12. Coupe le pain grillé en deux.

13. Prends-en la moitié.

14. Goûte ta tartine.

15. C'est bon?

16. Mange-la toute.

UN OISEAU

1. Vous êtes un oiseau dans un arbre.

2. Battez des ailes.

3. Volez dans l'air.

4. Posez-vous par terre.

5. Sautillez tout autour.

6. Cherchez des insectes.

7. Vous en avez trouvé un! Prenez-le dans votre bec.

8. Retournez en volant sur l'arbre.

9. Avalez l'insecte.

10. Chantez une mélodie à un autre oiseau.

11. Construisez un nid.

12. Asseyez-vous dans le nid.

13. Nettoyez vos plumes.

14. Pondez un œuf.

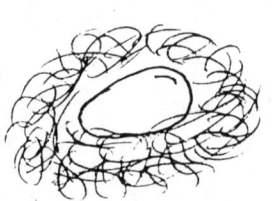

UN OISEAU

1. Tu es un oiseau dans un arbre.

2. Bats des ailes.

3. Vole dans l'air.

4. Pose-toi par terre.

5. Sautille tout autour.

6. Cherche des insectes.

7. Tu en as trouvé un! Prends-le dans votre bec.

8. Retourne en volant sur l'arbre.

9. Avale l'insecte.

10. Chante une mélodie à un autre oiseau.

11. Construis un nid.

12. Assieds-toi dans le nid.

13. Nettoie tes plumes.

14. Ponds un œuf.

UNE BELLE JOURNÉE

1. Quelle belle journée ensoleillée!

2. Soupirez et allez dehors.

3. Étirez-vous et bâillez.

4. Allongez-vous au soleil.

5. Ouf, il fait trop chaud!

6. Vous transpirez.

7. Relevez-vous et cherchez un endroit ombragé.

8. Ah! Voilà un grand arbre qui donne de l'ombre.

9. Allez jusqu'à l'arbre.

10. Asseyez-vous à l'ombre.

11. Ah, ce qu'il fait bon et frais ici!

12. Allongez-vous à l'ombre.

13. Endormez-vous.

UNE BELLE JOURNÉE

1. Quelle belle journée ensoleillée!

2. Soupire et va dehors.

3. Étire-toi et baîlle.

4. Allonge-toi au soleil.

5. Ouf, il fait trop chaud!

6. Tu transpires.

7. Relève-toi et cherche un endroit ombragé.

8. Ah! Voilà un grand arbre qui donne de l'ombre.

9. Va jusqu'à l'arbre.

10. Assieds-toi à l'ombre.

11. Ah, ce qu'il fait bon et frais ici!

12. Allonge-toi à l'ombre.

13. Endors-toi.

UNE BOUM

1. Vous allez faire une boum.

2. Mettez de la musique.

3. Faites les présentations entre deux de vos invités./invitées.

4. Voilà un autre invité/une autre invitée qui arrive. Faites-lui signe de la main et criez: « Bonjour! »/« Bonsoir! »

5. Offrez des chips à quelques-uns/quelques-unes de vos invités./invitées.

6. Mangez un peu.

7. Prenez une gorgée de votre boisson.

8. Battez des mains au rythme de la musique.

9. Faites claquer vos doigts.

10. Tapez des pieds.

11. Hochez la tête.

12. Demandez à quelqu'un de danser avec vous.

13. Bougez au rythme de la musique.

14. Regardez votre partenaire.

15. Clignez de l'œil.

16. Vous vous amusez bien? Moi aussi.

17. C'est une boum formidable!

UNE BOUM

1. Tu vas faire une boum.

2. Mets de la musique.

3. Fais les présentations entre deux de tes invités./invitées.

4. Voilà un autre invité/une autre invitée qui arrive. Fais-lui signe de la main et crie: « Bonjour! »/« Bonsoir! »

5. Offre des chips à quelques-uns/quelques-unes de tes invités./invitées.

6. Mange un peu.

7. Prends une gorgée de ta boisson.

8. Bats des mains au rythme de la musique.

9. Fais claquer tes doigts.

10. Tape des pieds.

11. Hoche la tête.

12. Demande à quelqu'un de danser avec toi.

13. Bouge au rythme de la musique.

14. Regarde ton/ta partenaire.

15. Cligne de l'œil.

16. Tu t'amuses bien? Moi aussi.

17. C'est une boum formidable!

NETTOYEZ LA MAISON

1. Oh, là là! Ce que votre maison est sale!

2. Mettez votre tablier.

3. Répandez du détergent dans l'évier.

4. Frottez l'évier avec une éponge.

5. Balayez les carreaux de la cuisine avec un balai.

6. Remplissez le seau avec de l'eau.

7. Versez-y du détergent liquide.

8. Trempez-y la serpillière.

9. Lavez les carreaux.

10. Essuyez la poussière avec un chiffon.

11. Videz les poubelles.

12. Branchez l'aspirateur.

13. Faites le marcher.

14. Passez l'aspirateur sur le tapis et les moquettes.

15. Remettez tous les ustensiles à leur place.

16. Jetez un coup d'œil partout.

17. Ça a l'air beaucoup mieux.

NETTOIE LA MAISON

1. Oh, là là! Ce que ta maison est sale.
2. Mets ton tablier.
3. Répands du détergent dans l'évier.
4. Frotte l'évier avec une éponge.
5. Balaye les carreaux de la cuisine avec un balai.
6. Remplis le seau avec de l'eau.
7. Verses-y du détergent liquide.
8. Trempes-y la serpillière.
9. Lave les carreaux.
10. Essuie la poussière avec un chiffon.
11. Vide les poubelles.
12. Branche l'aspirateur.
13. Fais le marcher.
14. Passe l'aspirateur sur le tapis et les moquettes.
15. Remets tous les ustensiles à leur place.
16. Jette un coup d'œil partout.
17. Ça a l'air beaucoup mieux.

SORTEZ EN VOITURE

1. Vous allez sortir en voiture.
2. Cherchez votre clef.
3. Ouvrez la portière.
4. Mettez-vous au volant.
5. Démarrez.
6. Attachez votre ceinture.
7. Lâchez le frein à main.
8. Mettez le moteur en première.
9. Mettez la voiture en marche.
10. Passez en seconde.
11. Augmentez la vitesse.
12. Changez en troisième.
13. Zut! Trop vite! Voici un agent de police.
14. Stationnez au bord de la rue et arrêtez la voiture.
15. Baissez la vitre.
16. Dites: « Je suis $\genfrac{}{}{0pt}{}{\text{désolé}}{\text{désolée}}$ — $\genfrac{}{}{0pt}{}{\text{monsieur.}}{\text{madame.}}$ »
17. Mettez-vous à pleurer.
18. Ça a marché! Pas de contravention...cette fois-ci.

SORS EN VOITURE

1. Tu vas sortir en voiture.
2. Cherche ta clef.
3. Ouvre la portière.
4. Mets-toi au volant.
5. Démarre.
6. Attache ta ceinture.
7. Lâche le frein à main.
8. Mets le moteur en première.
9. Mets la voiture en marche.
10. Passe en seconde.
11. Augmente la vitesse.
12. Change en troisième.
13. Zut! Trop vite! Voici un agent de police.
14. Stationne au bord de la rue et arrête la voiture.
15. Baisse la vitre.

16. Dis, « Je suis $\genfrac{}{}{0pt}{}{\text{désolé}}{\text{désolée}}$ — $\genfrac{}{}{0pt}{}{\text{monsieur.}}{\text{madame.}}$ »
17. Mets-toi à pleurer.
18. Ça a marché! Pas de contravention... cette fois-ci.

LE CHIEN

1. Vous êtes un chien. / une chienne.

2. Tenez! Un chat! / Une chatte!

3. Poursuivez-le.

4. Il a grimpé sur un arbre. Aboyez.

5. Ça ne sert à rien. Cherchez autre chose à faire.

6. Reniflez la terre.

7. Voici un vieil os. Rongez-le.

8. Prenez l'os et allez au potager.

9. Creusez un trou avec vos pattes.

10. Enterrez l'os.

11. Voici le maître / la maîtresse qui arrive! Remuez la queue!

12. Zut! Il est fâché / Elle est fâchée contre vous à cause du trou.

13. Baissez la tête. N'avez-vous pas honte?

14. Allez au coin. Quel vilain chien! / Quelle vilaine chienne!

LE CHIEN

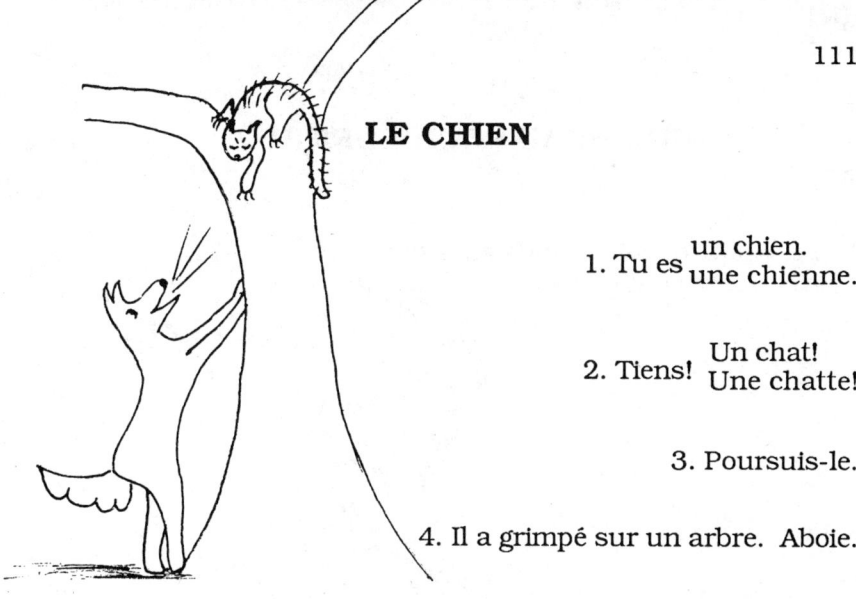

1. Tu es un chien. / une chienne.

2. Tiens! Un chat! / Une chatte!

3. Poursuis-le.

4. Il a grimpé sur un arbre. Aboie.

5. Ça ne sert à rien. Cherche autre chose à faire.

6. Renifle la terre.

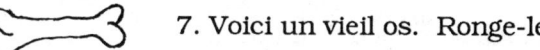

7. Voici un vieil os. Ronge-le.

8. Prends l'os et va au potager.

9. Creuse un trou avec tes pattes.

10. Enterre l'os.

11. Voici le maître / la maîtresse qui arrive! Remue la queue!

12. Zut! Il est fâché / Elle est fâchée contre toi à cause du trou.

13. Baisse la tête. N'as tu pas honte?

14. Va au coin. Quel vilain chien! / Quelle vilaine chienne!

SE FAIRE BEAU POUR SORTIR

1. Il est samedi soir et vous allez sortir avec votre petite amie.

2. Rasez-vous.

3. Coupez vos ongles.

4. Prenez une douche.

5. Lavez-vous les cheveux.

6. Essuyez-vous.

7. Mettez un peu d'eau de cologne.

8. Habillez-vous.

9. Regardez-vous dans la glace.

10. Peignez-vous.

11. Vous avez l'air bien.

12. Allez emprunter de l'argent à votre ami.

13. Achetez des fleurs.

14. Allez chercher votre petite amie.

15. Amusez-vous bien.

SE FAIRE BEAU POUR SORTIR

1. Il est samedi soir et tu vas sortir avec ta petite amie.

2. Rase-toi.

3. Coupe tes ongles.

4. Prends une douche.

5. Lave-toi les cheveux.

6. Essuie-toi.

7. Mets un peu d'eau de cologne.

8. Habille-toi.

9. Regarde-toi dans la glace.

10. Peigne-toi.

11. Tu as l'air bien.

12. Va emprunter de l'argent à ton ami.

13. Achète des fleurs.

14. Va chercher ta petite amie.

15. Amuse-toi bien.

SE FAIRE BELLE POUR SORTIR

1. Il est samedi soir et vous allez sortir avec votre petit ami.

2. Limez vos ongles.

3. Prenez un bain moussant.

4. Trempez-vous pendant longtemps.

5. Rasez-vous les jambes.

6. Sortez de la baignoire.

7. Essuyez-vous.

8. Mettez-vous du talc.

9. Mettez-vous du parfum.

10. Habillez-vous.

11. Regardez-vous dans la glace.

12. Coiffez-vous.

13. Mettez-vous du vernis à ongles.

14. Maquillez-vous.

15. Vous êtes belle! Attendez qu'il vienne vous chercher.

16. Amusez-vous bien.

SE FAIRE BELLE POUR SORTIR

1. Il est samedi soir et tu vas sortir avec ton petit ami.

2. Lime tes ongles.

3. Prends un bain moussant.

4. Trempe-toi pendant longtemps.

5. Rase-toi les jambes.

6. Sors de la baignoire.

7. Essuie-toi.

8. Mets-toi du talc.

9. Mets-toi du parfum.

10. Habille-toi.

11. Regarde-toi dans la glace.

12. Coiffe-toi.

13. Mets-toi du vernis à ongles.

14. Maquille-toi.

15. Tu es belle! Attends qu'il vienne te chercher.

16. Amuse-toi bien.

À LA LAVERIE AUTOMATIQUE

1. Vous allez faire la lessive à une laverie automatique.

2. Triez vos vêtements et faites-en deux tas.

3. Mettez le linge coloré dans une machine et le blanc dans une autre.

4. Ajoutez une dose de détergent dans chacune.

5. Réglez la température de l'eau.

6. Introduisez des jetons dans la fente de chaque machine.

7. Asseyez-vous et attendez que les machines s'arrêtent.

8. Quand tout est fini, sortez vos vêtements.

9. Mettez-les dans la machine à sécher.

10. Réglez-la sur chaleur moyenne.

11. Introduisez des jetons dans la fente.

12. Attendez que la machine s'arrête.

13. Quand tout est fini, sortez vos vêtements.

14. Triez-les.

15. Pliez-les.

À LA LAVERIE AUTOMATIQUE

1. Tu vas faire la lessive à une laverie automatique.

2. Trie tes vêtements et fais-en deux tas.

3. Mets le linge coloré dans une machine et le blanc dans une autre.

 4. Ajoute une dose de détergent dans chacune.

5. Règle la température de l'eau.

 6. Introduis des jetons dans la fente de chaque machine.

7. Assieds-toi et attends que les machines s'arrêtent.

8. Quand tout est fini, sors tes vêtements.

9. Mets-les dans la machine à sécher.

10. Règle-la sur chaleur moyenne.

11. Introduis des jetons dans la fente.

12. Attends que la machine s'arrête.

13. Quand tout est fini, sors tes vêtements.

    14. Trie-les.

15. Plie-les.

RENDEZ-VOUS CHEZ LE MÉDECIN

1. Vous avez rendez-vous chez le médecin.

2. Allez au cabinet du médecin.

3. Dites votre nom à la réceptioniste. / au réceptioniste.

4. Dites-lui l'heure de votre rendez-vous.

5. Asseyez-vous.

6. Vous êtes agité. / agitée. Restez assis / assise au bord de la chaise.

7. Rongez-vous les ongles.

8. Attendez pendant une demi-heure.

9. Finalement! Voilà l'infirmière. / l'infirmier.

10. Suivez-le / Suivez-la au cabinet du docteur. / de la doctoresse.

11. Dites bonjour au docteur. / à la doctoresse.

12. Asseyez-vous.

13. Ouvrez largement la bouche.

14. Tirez la langue et dites: « Aaaaaaa. »

15. Vous êtes en bonne santé! Dites au revoir au docteur. / à la doctoresse.

16. Demandez à la réceptioniste / au réceptioniste le prix de la consultation.

17. Payez la consultation.

RENDEZ-VOUS CHEZ LE MÉDECIN

1. Tu as rendez-vous chez le médecin.

2. Va au cabinet du médecin.

3. Dis ton nom à la réceptioniste. / au réceptioniste.

4. Dis-lui l'heure de ton rendez-vous.

5. Assieds-toi.

6. Tu es agité. / agitée. Reste assis / assise au bord de la chaise.

7. Ronge-toi les ongles.

8. Attends pendant une demi-heure.

9. Finalement! Voilà l'infirmière. / l'infirmier.

10. Suis-le / Suis-la au cabinet du docteur. / de la doctoresse.

11. Dis bonjour au docteur. / à la doctoresse.

12. Assieds-toi.

13. Ouvre largement la bouche.

14. Tire la langue et dis: « Aaaaaaa. »

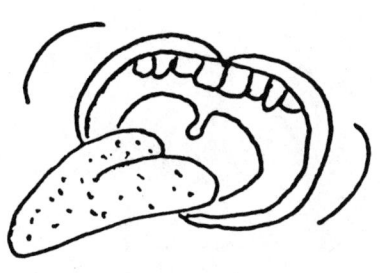

15. Tu es en bonne santé! Dis au revoir au docteur. / à la doctoresse.

16. Demande à la réceptioniste / au réceptioniste le prix de la consultation.

17. Paye la consultation.

METTEZ-VOUS DES GOUTTES DANS LES YEUX

1. Vous allez vous mettre des gouttes dans les yeux.

2. Ouvrez le flacon à gouttes.

3. Mettez la tête en arrière.

4. Ouvrez de grands yeux.

5. Gardez-les ouverts.

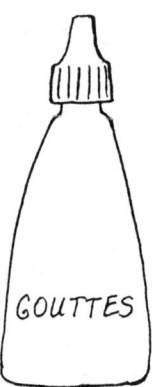

6. Maintenez un œil ouvert avec les doigts.

7. Mettez-y une goutte.

8. Ne clignez pas!

9. Oh! Ça n'a pas réussi! La goutte s'écoule sur votre joue.

10. Essuyez-la.

11. Essayez encore une fois.

12. Voilà! Ça y est. Vous avez réussi.

13. Bon, maintenant clignez les yeux.

METS-TOI DES GOUTTES DANS LES YEUX

1. Tu vas te mettre des gouttes dans les yeux.

2. Ouvre le flacon à gouttes.

3. Mets la tête en arrière.

4. Ouvre de grands yeux.

5. Garde-les ouverts.

6. Maintiens un œil ouvert avec les doigts.

7. Mets-y une goutte.

8. Ne cligne pas.

9. Oh! Ça n'a pas réussi! La goutte s'écoule sur ta joue.

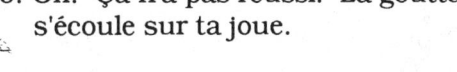

10. Essuie-la.

11. Essaie encore une fois.

12. Voilà! Ça y est. Tu as réussi.

13. Bon, maintenant cligne les yeux.

FIXEZ UN PORTE-SERVIETTES

1. Vous allez fixer un porte-serviettes dans la salle de bains.

2. Tenez le porte-serviettes là où vous voulez l'accrocher.

3. Faites quatre marques sur le mur pour y faire des trous.

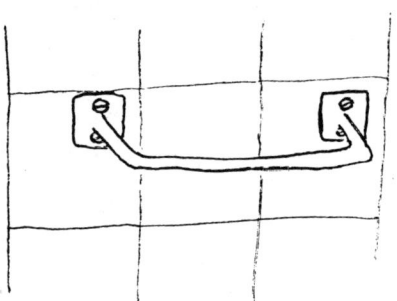

4. Posez le porte-serviettes par terre.

5. Faites quatre trous dans le mur, là où c'est marqué.

6. Prenez le porte-serviettes et fixez-le au mur.

7. Enfoncez une vis dans l'un des trous.

8. Ne la serrez pas jusqu'au bout.

9. Faites de même avec les autres vis.

10. D'accord. Maintenant, toutes les vis sont dans les trous, mais elles ne sont pas bien serrées.

11. Serrez-les avec un tournevis, jusqu'au bout.

12. Super! Elles sont toutes serrées! Où sont les serviettes?

FIXE UN PORTE-SERVIETTES

1. Tu vas fixer un porte-serviettes dans la salle de bains.

2. Tiens le porte-serviettes là où tu veux l'accrocher.

3. Fais quatre marques sur le mur pour y faire des trous.

4. Pose le porte-serviettes par terre.

5. Fais quatre trous dans le mur, là où c'est marqué.

6. Prends le porte-serviettes et fixe-le au mur.

7. Enfonce une vis dans l'un des trous.

8. Ne la serre pas jusqu'au bout.

9. Fais de même avec les autres vis.

10. D'accord. Maintenant, toutes les vis sont dans les trous, mais elles ne sont pas bien serrées.

11. Serre-les avec un tournevis, jusqu'au bout.

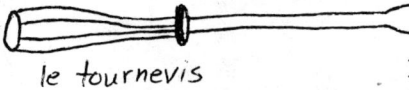

le tournevis

12. Super! Elles sont toutes serrées! Où sont les serviettes?

PRENEZ LE TRAIN

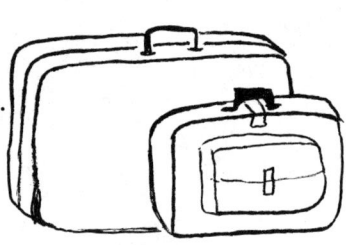

1. Vous allez prendre le train pour Chartres.

2. Allez à la gare avec votre valise et votre sac de voyage.

3. Cherchez l'horaire de départ des trains.

4. Mettez vos valises par terre.

5. Trouvez Chartres sur l'horaire de départs.

6. Ah! Le prochain train part dans quinze minutes, du quai numéro 8.

7. Allez au guichet.

8. Faites la queue.

9. Avancez.

10. Dites: « Un billet aller-retour deuxième classe pour Chartres, s'il vous plaît ».

11. Payez.

12. Achetez un magazine, un sandwich au fromage et une pomme.

13. Cherchez le quai numéro 8.

14. Montez dans un wagon non-fumeur, deuxième classe.

15. Cherchez votre place.

16. Mettez vos valises sur le filet.

17. Enlevez votre veste.

18. Asseyez-vous.

19. Le train se met en marche. Bon voyage!

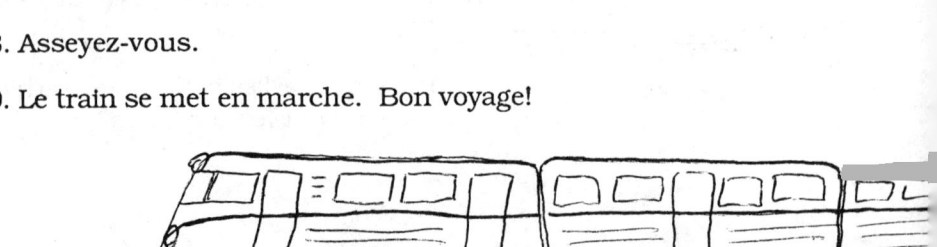

PRENDS LE TRAIN

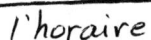

l'horaire

1. Tu vas prendre le train pour Chartres.

2. Va à la gare avec ta valise et ton sac de voyage.

3. Cherche l'horaire de départ des trains.

4. Mets tes valises par terre.

5. Trouve Chartres sur l'horaire de départs.

6. Ah! Le prochain train part dans quinze minutes, du quai numéro 8.

7. Va au guichet.

8. Fais la queue.

9. Avance.

10. Dis: « Un billet aller-retour deuxième classe pour Chartres, s'il vous plaît ».

11. Paye.

12. Achète un magazine, un sandwich au fromage et une pomme.

13. Cherche le quai numéro 8.

14. Monte dans un wagon non-fumeur, deuxième classe.

15. Cherche ta place.

16. Mets tes valises sur le filet.

17. Enlève ta veste.

18. Assieds-toi.

19. Le train se met en marche. Bon voyage!

PRENEZ DES PHOTOS*

1. Vous allez prendre des photos de vos amis.
2. Chargez l'appareil-photo.
3. Avancez la pellicule.
4. Utilisez un flash.
5. (à tous) : « *Mettez-vous là-bas s'il vous plaît.* »
6. Regardez dans le viseur.
7. « *Rapprochez-vous s'il vous plaît.* »
8. « *Espacez-vous un peu s'il vous plaît.* »
9. « *Assieds-toi, (Pierre).* »
10. « *(Jean), déplace-toi un peu.* »
11. « *(Jeanne), mets-toi devant (Anne).* »
12. « *(Michel), mets-toi derrière (Paul).* »
13. (à tous) : « *Souriez s'il vous plaît.* »
14. Appuyez sur le bouton.
15. (à tous) : « *Restez là où vous êtes.* »
16. Avancez la pellicule.
17. Prenez une autre photo.

---

*Cette leçon est prévue pour un groupe de huit personnes — deux qui donnent les ordres et six « amis », qui jouent à poser pour les photos (ce qui peut se faire avec un groupe « d'amis » plus large ou plus restreint). Le premier qui donne des ordres demande au second de prendre les photos. Le second dirige les amis : son texte est *en italique*.

PRENDS DES PHOTOS*

1. Tu vas prendre des photos de tes amis.
2. Charge l'appareil-photo.
3. Avance la pellicule.
4. Utilise un flash.
5. (à tous) : « *Mettez-vous là-bas s'il vous plaît.* »
6. Regarde dans le viseur.
7. « *Rapprochez-vous s'il vous plaît.* »
8. « *Espacez-vous un peu s'il vous plaît.* »
9. « *Assieds-toi, (Pierre).* »
10. « *(Jean), déplace-toi un peu.* »
11. « *(Jeanne), mets-toi devant (Anne).* »
12. « *(Michel), mets-toi derrière (Paul).* »
13. (à tous) : « *Souriez s'il vous plaît.* »
14. Appuie sur le bouton.
15. (à tous) : « *Restez là où vous êtes.* »
16. Avance la pellicule.
17. Prends une autre photo.

---

*This lesson is best done with eight people — two speakers and six "friends" who are photographed (though it can be done with more or fewer "friends"). The first speaker tells the second one to take the pictures. The second speaker tells the friends what to do; his or her lines are *in italics*.

CONSTRUISEZ UNE TABLE

1. Vous allez construire une table.

2. Choisissez une jolie planche.

3. Prenez votre centimètre.

4. Mesurez la planche.

5. Faites des marques là où vous voulez la couper.

6. Prenez votre scie.

7. Sciez la planche.

8. Prenez du papier de verre.

9. Arrondissez les angles, en ponçant avec le papier de verre.

10. Prenez un marteau et quatre clous.

11. Enfoncez les clous dans les quatre coins de la planche.

12. Retournez-la.

13. Tenez, elle est bien jolie la table!

14. Vous êtes un menuisier formidable!

CONSTRUIS UNE TABLE

1. Tu vas construire une table.

2. Choisis une jolie planche.

3. Prends ton centimètre.

4. Mesure la planche.

5. Fais des marques là où tu veux la couper.

6. Prends ta scie.

7. Scie la planche.

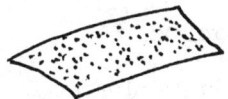

8. Prends du papier de verre.

9. Arrondis les angles, en ponçant avec le papier de verre.

10. Prends un marteau et quatre clous.

11. Enfonce les clous dans les quatre coins de la planche.

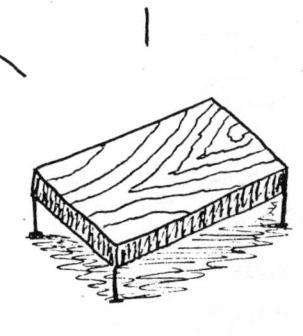

12. Retourne-la.

13. Tiens, elle est bien jolie la table!

14. Tu es un menuisier formidable!

FAITES DE L'ALPINISME

1. Vous allez faire de l'alpinisme.

2. Commencez à escalader la montagne.

3. Vous commencez à avoir soif.

4. Arrêtez-vous et buvez un peu d'eau.

5. Ça va maintenant. Repartez.

6. Vous commencez à être fatigué./fatiguée.
   Vous êtes essoufflé./essoufflée.

7. Asseyez-vous et reprenez votre souffle.

8. Ça y est. Levez-vous et recommencez à marcher.

9. Maintenant vous commencez à avoir faim.

10. Arrêtez-vous et mangez une pomme.

11. Marchez jusqu'au sommet de la montagne.

12. Oh! Regardez! Quelle vue magnifique!

13. Est-ce que vous êtes fatigué?/fatiguée?
    Est-ce que vous avez soif?
    Est-ce que vous êtes essoufflé?/essoufflée?
    Est-ce que vous avez faim?

14. Asseyez-vous et reposez-vous.

15. Buvez encore de l'eau et prenez un goûter.

16. Reposez-vous un moment.

17. D'accord. Vous êtes prêt?/prête? Voyons. Levez-vous.

FAIS DE L'ALPINISME

1. Tu va faire de l'alpinisme.
2. Commence à escalader la montagne.
3. Tu commences à avoir soif.
4. Arrête-toi et bois un peu d'eau.
5. Ça va maintenant. Repars.
6. Tu commence à être fatigué. / fatiguée.
   Tu es essoufflé. / essoufflée.
7. Assieds-toi et reprends ton souffle.
8. Ça y est. Lève-toi et recommence à marcher.
9. Maintenant tu commences à avoir faim.
10. Arrête-toi et mange une pomme.
11. Marche jusqu'au sommet de la montagne.
12. Oh! Regarde! Quelle vue magnifique!
13. Est-ce que tu es fatigué? / fatiguée?
    Est-ce que tu as soif?
    Est-ce que tu es essoufflé? / essoufflée?
    Est-ce que tu as faim?
14. Assieds-toi et repose-toi.
15. Bois encore de l'eau et prends un goûter.
16. Repose-toi un moment.
17. D'accord. Tu es prêt? / prête? Voyons. Lève-toi.

PRÉPAREZ VOTRE PETIT DÉJEUNER

1. Vous allez préparer votre petit déjeuner.

2. Versez de l'eau dans la cafetière.

3. Ajoutez-y du café.

4. Allumez la cafetière.

5. Allez à la boulangerie pour acheter des croissants et une baguette.

6. Quand vous rentrez, allez au réfrigérateur.

7. Sortez-en le beurre, la confiture et le lait.

8. Sortez du tiroir une petite cuillère, un couteau et une serviette.

9. Sortez du placard une assiette, une tasse et une soucoupe.

10. Mettez les croissants sur l'assiette.

11. Versez du café dans votre tasse.

12. Ajoutez-y du lait et du sucre.

13. Mettez tout sur la table.

14. Asseyez-vous.

15. Coupez un morceau de baguette.

16. Tartinez-la avec du beurre et de la confiture.

17. Prenez votre petit déjeuner. Bon appétit!

PRÉPARE TON PETIT DÉJEUNER

1. Tu vas préparer ton petit déjeuner.

2. Verse de l'eau dans la cafetière.

3. Ajoutes-y du café.

4. Allume la cafetière.

5. Va à la boulangerie pour acheter des croissants et une baguette.

6. Quand tu rentres, va au réfrigérateur.

7. Sors-en le beurre, la confiture et le lait.

8. Sors du tiroir une petite cuillère, un couteau et une serviette.

9. Sors du placard une assiette, une tasse et une soucoupe.

10. Mets les croissants sur l'assiette.

11. Verse du café dans ta tasse.

12. Ajoutes-y du lait et du sucre.

13. Mets tout sur la table.

14. Assieds-toi.

15. Coupe un morceau de baguette.

16. Tartine-la avec du beurre et de la confiture.

17. Prends ton petit déjeuner. Bon appétit!

UN COSTUME POUR LE CARNAVAL

1. Vous allez faire un costume d'Arlequin.

2. Allez acheter une veste et un pantalon d'Arlequin.

3. Prenez une feuille de papier noir.

4. Faites-en un demi masque, en le découpant avec des ciseaux.

5. Faites deux trous pour les yeux.

6. Prenez un mètre ruban.

7. Découpez une bande de papier crépon, d'un mètre de long.

8. Coupez-la.

9. Cousez-la en son milieu; rassemblez-la pour la mettre à la mesure de votre cou.

10. Coupez le fil, en laissant 15 centimètres à chaque bout, pour l'attacher autour de votre cou.

11. Empruntez un large chapeau en feutre à votre père.

12. Mettez votre costume.

13. Allez chercher un grand bâton.

14. Vous êtes très beau./belle.

15. Sortez dans la rue.

16. Faites une pirouette.

UN COSTUME POUR LE CARNAVAL

1. Tu vas faire un costume d'Arlequin.

2. Va acheter une veste et un pantalon d'Arlequin.

3. Prends une feuille de papier noir.

4. Fais-en un demi masque, en le découpant avec des ciseaux.

5. Fais deux trous pour les yeux.

6. Prends un mètre ruban.

7. Découpe une bande de papier crépon, d'un mètre de long.

8. Coupe-la.

9. Couds-la en son milieu; rassemble-la pour la mettre à la mesure de ton cou.

10. Coupe le fil, en laissant 15 centimètres à chaque bout, pour l'attacher autour de ton cou.

11. Emprunte un large chapeau en feutre à ton père.

12. Mets ton costume.

13. Va chercher un grand bâton.

14. Tu es très beau.
    belle.

15. Sors dans la rue.

16. Fais une pirouette.

LE RÉVEILLON DE NOËL

1. C'est la veille de Noël. C'est le réveillon.

2. Mettez la table.

3. Sortez la dinde rôtie du four.

4. Placez tous les mets sur la table.

5. Oh! Vous avez oublié la purée de marron. Retournez à la cuisine et apportez-la.

6. Demandez à votre famille de venir s'installer à table: « Le dîner est servi ».

7. Asseyez-vous.

8. Découpez la dinde.

9. Servez chaque personne.

10. Faites passer les autres mets autour de la table.

11. Mangez beaucoup.

12. Buvez du champagne.

13. Apportez la bûche de Noël et mettez-la sur la table.

14. Servez-en un morceau à chaque personne.

15. C'est délicieux!

16. Dites: « J'ai trop mangé ».

LE RÉVEILLON DE NOËL

1. C'est la veille de Noël. C'est le réveillon.

2. Mets la table.

3. Sors la dinde rôtie du four.

4. Place tous les mets sur la table.

5. Oh! Tu as oublié la purée de marron. Retourne à la cuisine et apporte-la.

6. Demande à ta famille de venir s'installer à table: « Le dîner est servi ».

7. Assieds-toi.

8. Découpe la dinde.

9. Sers chaque personne.

10. Fais passer les autres mets autour de la table.

11. Mange beaucoup.

12. Bois du champagne.

13. Apporte la bûche de Noël et mets-la sur la table.

14. Sers-en un morceau à chaque personne.

15. C'est délicieux!

16. Dis: « J'ai trop mangé ».

LISTE DES ACCESSOIRES UTILISÉS DANS CHAQUE LEÇON

R — réel   **I — illustration (dessin ou photo)**

2-3. *Lavez-vous les mains* : savon, serviette de toilette, porte-serviettes (détaché ou fixe), robinet (R, en plastique, I, ou un dessin au tableau noir facile à effacer avec de l'eau!)

4-5. *La bougie* : bougie, chandelier, boîte d'allumettes; bougies (pour le gâteau d'anniversaire), chandeliers et allumettes pour chacun (ou pour chaque binôme)

6-7. *Allez chez vous* : maison (une ou plusieurs illustrations), escaliers (R ou I), trou de serrure (R ou I), bouton de porte (R ou I), clé, serrure (R ou I)

8-9. *Le fromage* : fromage emballé, planche à découper, couteau

10-11. *Le ballon* : des ballons *pour toute la classe* (demandez à vos élèves de marquer avec un stylo les initiales de leurs noms, pour qu'ils puissent les récupérer après leur vol)

12-13. *Le chewing-gum* : magasin (I ou tas d'objets « à vendre » sur la table), chewing-gum (plusieurs paquets fermés)

14-15. *Un jeu : l'objet dissimulé* : petits objets (vous pouvez vous servir d'objets utilisés pour d'autres leçons)

16-17. *Les vitamines* : boîte de vitamines; dragées ou bonbons

18-19. *Taillez votre crayon* : crayon sans pointe, taille-crayon manuel (de préférence un taille-crayon qui ne représente pas un autre objet)

20-21. *Le hoquet* : verre, de l'eau dans un autre recipient, poivrier rempli

22-23. *Achetez un manteau* : vitrines des magasins (I ou imaginaires), porte-manteau (n'importe quelle sorte, un qui soit facile à transporter), cintres (plusieurs), manteaux (les vôtres et/ou ceux de vos étudiants), étiquettes avec des prix (sur chaque manteau une étiquette celles d'un magasin, ou faites à la main)

24-25. *Un verre de lait* : verre (R, ou en plastique transparent), carton de lait (rempli d'eau), chiffon (en lambeaux), évier (R ou I)

26-27. *Faites un paquet cadeau* : boîtes d'une variété de formes (et de couleurs?), papier de soie et papier d'emballage (plusieurs morceaux de chaque, neufs ou usagés, éventuellement de différentes couleurs aussi), scotch (plusieurs rouleaux si c'est possible), ruban (plusieurs bobines de différentes couleurs si c'est possible; vous pouvez apporter aussi des rubans en velours ou en satin pour introduire ces mots), cadeaux (n'importe quels objets disponibles), ciseaux

LIST OF PROPS FOR EACH LESSON

R — real **P — picture (photograph or drawing)**

2-3. *Lavez-vous les mains*: soap, towel, towel rack (loose or fixed), faucet (R, P, plastic, or drawing on board with erasable water!)

4-5. *La bougie*: candle, candle holder, matchbook; *class sets of*: birthday cake candles, cake candle holders, matchbooks for each student (or each pair)

6-7. *Allez chez vous*: home (P(s)), stairway (R or P), keyhole (R or P), doorknob (R or P), key, door lock (R or P)

8-9. *Le fromage*: wrapped cheese, cutting board, knife

10-11. *Le ballon*: class set of balloons (have students initial them in ink when inflated so that they can be retrieved after they are flown)

12-13. *Le chewing-gum*: store (P or group of items "for sale" on table), gum (several unopened packs)

14-15. *Un jeu : l'objet dissimulé*: small objects (can be props from other lessons)

16-17. *Les vitamines*: vitamin bottle, candy "pills"

18-19. *Taillez votre crayon*: dull pencil, hand-held pencil sharpener (preferably one that is not disguised as something else)

20-21. *Le hoquet* : glass, water in another container, pepper shaker with pepper inside

22-23. *Achetez un manteau*: store windows (P or imaginary), rack (any kind; an over-the-door rack is simple to transport), hangers (several), coats (yours and/or students'), price tags (on each coat, handmade or from a store)

24-25. *Un verre de lait*: glass (can be clear plastic), milk carton (filled with water), rag (raggedy), sink (R or P)

26-27. *Faites un paquet cadeau*: boxes of various sizes (and colors?), tissue paper and gift wrap (several pieces of new or used each; also can be of different colors), cellophane tape (several rolls if possible), ribbon (several spools if possible, of different colors; you may also bring in pieces of cloth ribbon—velvet and satin—to introduce such words), presents (any objects you have on hand), scissors

R — réel   **I — illustration (dessin ou photo)**

28-29. *Bonjour!* : réveil (R, en carton ou I), lit (vous pouvez improviser une chaise avec un oreiller et une petite couverture), salle de bains (un certain endroit de la salle de classe avec quelques objets de toilette ou une I), cuisine (un certain endroit de la salle de classe avec une table et un couvert pour le petit déjeuner ou une I), journal, brosse à dents, manteau, famille (I ou imaginaire; ou envoyez une bise à 2 ou 3 élèves/étudiant(e)s ou à toute la classe)

30-31. *Vous tombez malade* : mouchoir (pas de kleenex), pharmacie (I ou un certain endroit de la salle de classe avec plusieurs produits pharmaceutiques), aspirine, kleenex, gouttes pour le nez (vous pouvez utiliser de l'eau dans un flacon avec un compte-gouttes)

32-33. *L'employé de bureau* : cravate (pas d'agrafe de cravate), veste, chemise à manches longues

34-35. *Cousez un bouton* : très gros bouton à deux trous, bobine de fil, ciseaux, aiguille (aussi grande que possible pour plus de visibilité), vieille chemise

36-37. *Peignez un tableau* : vieux journaux, matériel de peinture (petits pots de peinture liquide (détrempe) vendus en supermarchés, magasins de jouets, etc., aux U.S.A. — pas d'aquarelles sous forme solide), chiffon, pinceau, pot d'eau, papier blanc, scotch ou punaises (pour accrocher les peintures au mur)

38-39. *Prenez l'avion* : avion (I), ceinture pour le siège (vous pouvez vous servir de n'importe quelle ceinture ajustable)

40-41. *Ecouter une cassette* : une cassette de chansons (choisir l'une des plus agréables et faciles); un magnétophone à cassette avec toutes les fonctions requises par la leçon (changeur radio/cassette, touche stop/eject, avance rapide, retour rapide, play, enregistrement); utiliser les illustrations, page 41, pour la pratique en binômes

42-43. *Le restaurant* : restaurant (I), fourchette, couteau, serviette (en papier ou en tissu), menu (R ou fait d'un dossier intitulé « Menu »)

44-45. *Ouvrez un cadeau* : cadeaux (plusieurs objets emballés dans des boîtes mais sans papier de soie — utilisez des objets familiers de la salle de classe si vous n'avez pas l'intention de donner réellement quelque chose à vos élèves/étudiants)

46-47. *Une chemise chiffonnée* : 2 chemises à manches longues (la première chiffonnée, la seconde repassée), planche à repasser (ou n'importe quelle planche), fer à repasser avec un fil (R, ou n'importe quel objet que l'on puisse à la fois mettre debout et à plat, par exemple une agrafeuse ou un livre), pattemouille (chiffon mouillé)

48-49. *La glace et la télé* : ensemble frigidaire et congélateur (représentés par un placard, une bibliothèque ou I), glace (carton vide de n'importe quelle forme), bol, cuillère, comptoir (ou table), téléviseur (R, boîte ou I)

R — real   **P — picture (photograph or drawing)**

28-29. *Bonjour!*: clock (R or cardboard or P), bed (can be a chair with a pillow and small blanket), bathroom (designated area of the room with a few toiletries or a P), kitchen (designated area of the room with a breakfast table setting or a P), newspaper, toothbrush, coat, family (P or imaginary; or performer can blow or give pretend kisses to two or three students or to the whole class)

30-31. *Vous tombez malade*: handkerchief (*not* tissue), drugstore (P or designated area of class with several pharmaceutical items), aspirin, kleenex, nose drops (can be water in a dropper bottle)

32-33. *L'employé de bureau*: tie (not clip-on), jacket (blazer-type), long-sleeved shirt

34-35. *Cousez un bouton*: very large button with 2 holes, spool of thread, scissors, needle (the larger the better for visibility), old shirt

36-37. *Peignez un tableau*: old newspapers, set of paints (small jars of liquid poster temperas sold in supermarkets, toy stores, etc., in the U.S.A.—not watercolors in solid form), rag, paintbrush, jar of water, white paper, tape or thumbtacks (to hang pictures on wall)

38-39. *Prenez l'avion*: plane (P), seat belt (any kind of adjustable belt will do)

40-41. *Ecouter une cassette* cassette with a nice, easy song; radio/cassette player with all functions in lesson (radio/tape switch, stop/eject button, fast-forward, rewind, play and record buttons); use illustration on p. 41 for pair practice

42-43. *Le restaurant*: restaurant (P), fork, knife, spoon, napkin (cloth or paper), menu (R or folder or piece of paper labeled "Menu")

44-45. *Ouvrez un cadeau*: presents (several objects wrapped in boxes but without tissue inside—use familiar props from the class if you aren't prepared to be actually giving things to the students)

46-47. *Une chemise chiffonnée*: 2 long-sleeved shirts (one wrinkled, the other not), ironing board (or any wooden board), iron with cord (R, or use any object that can be set on end and can also be laid down, such as a stapler or a book), wet cloth

48-49. *La glace et la télé*: combination refrigerator and freezer (storage cabinet or bookcase or P), ice cream (empty ice cream carton of any shape), bowl, spoon, counter (or table), T.V. (R, box or P)

R — réel   **I — illustration (dessin ou photo)**

50-51. *Occupez-vous d'un bébé* : bébé (grande poupée ou n'importe quoi, surtout si c'est emballé dans une couverture), tasse, cuillère

52-53. *Un verre brisé* : verre brisé (verre en plastique transparent coupé en morceaux), poubelle (ou corbeille à papiers — attention à ce qu'elle ne soit pas trop sale — tâchez de récupérer vos morceaux brisés après chaque présentation de cette leçon), pelle, balai ou balayette, un autre verre (R ou en plastique)

54-55. *Un aller-retour de la terre à la lune* : I d'une fusée, terre, lune, désert (seulement pour créer le cadre, pas comme matériel didactique utilisé pendant la dramatisation)

56-57. *Jouons au ballon* : ballon (ou des ballons *pour toute la classe*, surtout des ballons qui rebondissent très bien)

58-59. *Des céréales pour le petit dejeuner* : une boîte de céréales, un bol, une assiette (éventuellement en papier), du sucre dans un bol, un carton de lait, une cuillère

60-61. *Utilisez une cabine téléphonique* : cabine téléphonique (R ou I; ou délimitez avec les mains un cercle autour du téléphone), téléphone public (R ou téléphone jouet en plastique placé dans une boîte de chaussures à laquelle vous avez ajouté une fente et un endroit d'où l'on récupère les jetons)

62-63. *De la soupe pour dîner* : ouvre-boîte manuel, soupe en boîte de conserve, casserole avec couvercle, cuillère, cuisinière (R, I ou un livre), bol

64-65. *Changez une ampoule* : petite lampe avec un abat-jour détachable, ampoule grillée, nouvelle ampoule

66-67. *Un genou ensanglanté* : mouchoir (en tissu ou kleenex avec des taches rouges), iode, pansements, pharmacie (voir n°s 30-31)

68-69. *Des œufs brouillés* : œufs de Pâques en plastique qui s'ouvrent, bol, fouet, cuillère, salière, lait (carton), huile (bouteille), poêle, cuisinière (R, I ou un livre), assiette, fourchette

70-71. *Un chèque de voyage* : banque (I ou un certain endroit de la salle de classe), chèques de voyage (R ou I de la page *xlii*), argent liquide (R ou jouet), passeport (R ou faux), formulaire bancaire (ou n'importe quelle feuille de papier)

72-73. *Une assiette cassée* : vieille assiette (R, en plastique ou en carton; vous pouvez vous servir d'une assiette déjà cassée, mais pas en morceaux trop nombreux), colle (dans un tube)

R — real   **P — picture (photograph or drawing)**

50-51. *Occupez-vous d'un bébé*: baby (large doll or anything, especially if wrapped in a blanket), cup, spoon

52-53. *Un verre brisé*: broken glass (clear plastic tumbler, cut up), garbage can (or wastebasket—check that it's not too dirty—you want to retrieve your broken pieces after each performance of the sequence), dustpan, broom (or whisk broom), another glass (plastic or glass)

54-55. *Un aller-retour de la terre à la lune*: P's of rocket, earth, moon, desert (for clarification only, not as props to use in performance)

56-57. *Jouons au ballon*: ball (or class set of "superballs" or other balls, especially very bouncy ones)

58-59. *Des céréales pour le petit dejeuner*: box of cold cereal, bowl, plate (can be paper), sugar bowl with sugar, milk carton, spoon

60-61. *Utilisez une cabine téléphonique*: phone booth (R or P; or define area around phone with hands), pay phone (R or plastic toy phone housed in a shoe box to which you have added a slot and a coin return)

62-63. *De la soupe pour dîner*: can opener (hand-held type), soup can, saucepan with lid, spoon, stove (R, P or a book), bowl

64-65. *Changez une ampoule*: small lamp with removable shade, burnt-out bulb, good bulb

66-67. *Un genou ensanglanté*: handkerchief (cloth or tissue with red stains), iodine, bandaids, drugstore (see #30-31)

68-69. *Des œufs brouillés*: plastic Easter eggs that open, bowl, wire whisk, spoon, salt shaker, milk (carton), oil (bottle), pan, stove (R, P or a book), plate, fork

70-71. *Un chèque de voyage*: bank (P or area of classroom), traveller's checks (R or from page *xlii*), cash (R or play), passport (R or phony), teller's form (can be any piece of paper)

72-73. *Une assiette cassée*: old plate (R, plastic or paper; can be already broken but not in too many pieces), glue (in a tube)

R — réel   I — illustration (dessin ou photo)

74-75. *Un tour de magie* : verre (on peut utiliser aussi un verre en plastique transparent); pot, cruche ou bouteille d'eau; fil, sel, assiette (pour rouler le fil dans le sel), glaçons

76-77. *Vous allez écrire une lettre* : papier, enveloppes (les élèves peuvent se servir de papier pour les fabriquer), timbres (de n'importe quel type, du moment qu'on puisse les lécher), boîte postale (I ou boîte avec une fente)

78-79. *Allez au cinéma* : billet(s) (facultatif), une glace (en plastique ou en papier), bonbons (R, ou en plastique), hall du cinéma, salle de cinéma (arrangez la salle de classe de sorte que ces endroits soient bien délimités)

80-81. *Faites une liste d'achats* : vous n'avez pas besoin d'accessoires; dresser la liste au tableau

82-83. *Au supermarché* : magasin avec un rayon de produits alimentaires, un rayon de produits laitiers et une caisse (arrangez la salle de classe; mettez des objets en plastique et des sacs dans la section de produits alimentaires, des récipients vides dans la section de produits laitiers, une caisse avec des sacs en papier et en plastique), une balance (R, ou fabriquée en carton avec les kilos et les grammes marqués; voir p. 83), chariot (par exemple, une boîte sur une chaise)

84-85. *Donner les directions* : Option 1: dessiner une carte de toutes les rues, pâtés de maisons, bâtiments, feux et panneaux de signalisation; utiliser une voiture en miniature pour circuler sur la carte; *et/ou* Option 2: une voiture (deux chaises); un volant (R ou I, jouet ou imaginaire); un feu et un panneau de signalisation (jouet ou I); des rues (I); une autoroute (I); une colline (I); un magasin (I); une école (I); les panneaux suivants ENTRÉE D'AUTOROUTE (avec une flèche), DIRECTION LAPALISSE 1km, et deux panneaux de SORTIE (puisque Lapalisse est la seconde sortie dans la leçon)

86-87. *Une coupe de cheveux* : pas de ciseaux! (utilisez vos doigts), magazines, miroir (R ou imaginaire ou I)

88-89. *Mangez des oranges* : au moins 3 oranges (R, avec des pépins), couteau tranchant, serviettes mouillées (pour essuyer le jus sur les mains)

90-91. *Une journée pluvieuse* : parapluie, flaque (un peu d'eau sur le plancher)

92-93. *Un voyage en bus peu confortable* : ticket, arrêt d'autobus (chaise), bus (aménagement de chaises)

94-95. *Faites un feu* : hache(I), arbre (I, chaise ou podium), buche (R, en bois naturel), cheminée (délimitée avec les mains, ou I), petits morceaux de bois (R), journaux, allumettes, fauteuil (R, ou I et n'importe quelle chaise)

R — real   P — picture (photograph or drawing)

74-75. *Un tour de magie*: glass (can be clear plastic); jar, pitcher or bottle of water; string, salt, plate (to roll string in salt), ice cubes

76-77. *Vous allez écrire une lettre*: paper, envelopes (students can make them from paper), stamps (any kind that can be licked), mailbox (P or box with slot)

78-79. *Allez au cinéma*: ticket(s) (optional), ice cream (plastic or paper), candy (R or plastic), lobby, theater (arrange the room to designate these areas)

80-81. *Faites une liste d'achats*: no props needed; make a list on the blackboard

82-83. *Au supermarché*: grocery store with produce and dairy sections and a check-out counter (arrange room; furnish produce section with plastic items and bags, dairy section with empty dairy containers, check-out counter with paper and plastic bags), scale (R, or make a cardboard one with kilos and grams marked; see p. 83), cart (a box in a chair works fine)

84-85. *Donner les directions*: Option 1: draw a map of all these streets, blocks, buildings, stops and signs, and use a small toy car to drive on the map and/or Option 2: car (two chairs), steering wheel (R or P or toy or imaginary); stop light (toy or P) and stop sign (toy or P); streets (P), freeway (P), hill (P), store (P), school (P); signs: ENTRÉE D'AUTOROUTE (with arrow), DIRECTION LAPALISSE 1km and two SORTIE signs (because Lapalisse is the second exit according to the lesson)

86-87. *Une coupe de cheveux*: no scissors! (use your fingers), magazine, mirror (R or imagined or P)

88-89. *Mangez des oranges*: at least 3 oranges (R, with seeds), sharp knife, damp paper towels (to wipe juice off hands)

90-91. *Une journée pluvieuse*: umbrella, puddle (a little water on the floor)

92-93. *Un voyage en bus peu confortable*: ticket, bus stop (chair), bus (chair arrangement)

94-95. *Faites un feu*: axe (P), tree (P, chair or podium), log (R only, *not* particleboard), fireplace (defined by hands, or P), sticks (R), newspaper, matches, easy chair (R, or P and any chair)

R — réel   I — illustration (dessin ou photo)

- 96-97. *Allez vous baigner* : piscine (I), eau (facultatif — dans un bol pour démontrer le barbotage)
- 98-99. *Une tartine de pain grillé* : pain coupé en tranches, grille-pain, assiette, couteau, cuillère, beurre, confiture (tout R)
- 100-101. *Un oiseau* : insecte (plastique), plume (R, pour montrer ce que c'est), nid (votre manteau ou chandail sur votre chaise), œuf (de préférence grand et artificiel, caché dans le nid)
- 102-103. *Une belle journée* : arbre avec de l'ombre (I)
- 104-105. *Une boum* : musique, chips, boisson
- 106-107. *Nettoyez la maison* : tablier, détergent pour la cuisine, évier (bol ou I), balai, seau, détergent liquide, serpillière, chiffon pour la poussière, petites corbeilles à papiers, aspirateur (R, jouet ou I), petit tapis
- 108-109. *Sortez en voiture* : clé, voiture (chaise)
- 110-111. *Le chien* : os (R ou jouet réaliste pour chien)
- 112-113. *Se fait beau pour sortir* : rasoir, pince ou ciseaux à ongles, shampooing (facultatif), serviette de toilette, eau de cologne (flacon), peigne, fleurs (R ou artificielles)
- 114-115. *Se fait belle pour sortir* : lime à ongles, liquide pour bain moussant, baignoire (I pour expliquer, chaise pour s'en servir), rasoir, serviette de toilette, talc, parfum, vernis à ongles, barrettes (ou quelque chose pour les cheveux), produits de maquillage (vous pouvez utiliser des crayons à maquillage ou crayons et stylos normaux pour faire semblant), rouge à lèvres
- 116-117. *À la laverie automatique* : vieux vêtements, machines à laver et à sécher (boîtes avec des fentes pour la monnaie ou les jetons et boutons pour régler la température de l'eau), détersif, tasse
- 118-119. *Rendez-vous chez le médecin* : pas d'accessoires
- 120-121 *Mettez-vous des gouttes dans les yeux* : gouttes pour les yeux (de l'eau dans un flacon à gouttes; voir le dessin, page 120)
- 122-123. *Fixez un porte-serviettes* : porte-serviettes, vis, tournevis, panneau d'affichage ou autre surface pour y accrocher le porte-serviettes
- 124-125. *Prenez le train* : valise, sac de voyage, horaire de départ des trains (assez grands pour que tous le voient, ou copie pour chacun), guichet (I ou dispositif de chaises), billet (R ou n'importe quelle feuille de papier), argent liquide (R ou jouet), magazine, sandwich au fromage, pomme, train (ou dispositif de chaises et I)
- 126-127. *Prenez des photos* : appareil-photo (ou petite boîte), flash et accessoires pour le flash (ou tout simplement une ampoule), pellicule

R — real   P — picture (photograph or drawing)

96-97. *Allez vous baigner*: swimming pool (P), water (optional—in a bowl to demonstrate splashing)

98-99. *Une tartine de pain grillé*: loaf of sliced bread, toaster, plate, knife, spoon, butter, jam (all R)

100-101. *Un oiseau*: bug (plastic), feather (R, to show what it is), nest (your coat or sweater in your chair), egg (preferably a large artificial one, hidden in nest)

102-103. *Une belle journée*: shady tree (P)

104-105. *Une boum*: music, chips, drink

106-107. *Nettoyez la maison*: apron, kitchen cleanser, sink (bowl or P), broom, bucket, liquid cleaner, mop, dust cloth, small wastebaskets, vacuum cleaner (R, toy or P), small rug

108-109. *Sortez en voiture*: key, car (chair)

110-111. *Le chien*: bone (R or realistic dog toy)

112-113. *Se fait beau pour sortir*: razor, nail scissors or clippers, shampoo (optional), towel, cologne (bottle), comb, flowers (R or artificial)

114-115. *Se fait belle pour sortir*: nail file, bubble bath liquid, tub (P for clarification, chair for use), razor, towel, powder, perfume, nail polish, barrettes (or something for hair), makeup (makeup pencils or ordinary pencils and pens for pretending), lipstick

116-117. *À la laverie automatique*: old clothes, washing machines and dryers (boxes with slots for money or tokens and dials for temperature settings), detergent, cup

118-119. *Rendez-vous chez le médecin*: no props

120-121 *Mettez-vous des gouttes dans les yeux*: eye drops (water in a dropper bottle; see illustration on p. 120)

122-123. *Fixez un porte-serviettes*: towel rack, screws, screwdriver, bulletin board or other surface on which to install rack

124-125. *Prenez le train* : suitcase, travel bag, schedule of departing trains (large enough for all to see, or copies for all), ticket window (P or chair arrangement), ticket (R, or can be any piece of paper), money (R or play), magazine, cheese sandwich, apple, train (chair arrangement and P)

126-127. *Prenez des photos*: camera (or small box), flash with necessary accessories (or simply a light bulb), film

R — réel I — illustration (dessin ou photo)

128-129. *Construisez une table* : planches (petites et de formes légèrement différentes), centimètre, scie, marteau et clous (gigantesques), papier de verre

130-131. *Faites de l'alpinisme* : gourde ou bouteille en plastique, pomme, eventuellement une canne de montagnard (n'importe quel bâton)

132-133. *Préparez votre petite déjeuner* : cafetière, croissants, baguette, beurre, confiture, sucre, lait (R, I ou récipients vides), réfrigérateur (R, I, placard ou armoire), petite cuillère, couteau, serviette, tiroir (R ou I), assiette, tasse, soucoupe, placard (R ou I), table

134-135. *Un costume pour le carnaval* : magasin (I ou espace dans la classe), veste d'Arlequin, pantalon, large chapeau en feutre (R, I ou de papier), papier noir et papier crêpon *pour chaque élève/édudiant(e)*, mètre-rubans et ciseaux (*pour chaque binôme*, si possible), aiguilles, fil, bâton

136-137. *Le réveillon de Noël* : assiettes, couteaux, fourchettes, cuillères, serviettes, verres (ou tasses), dinde rôti (sac en papier bourré), purée de marron (R ou I), aliments (en plastique), bûche de Noël (R ou I)

R — real   **P — picture (photograph or drawing)**

128-129. *Construisez une table*: boards (small, slightly different ones), tape measure, saw, hammer, nails (gigantic), sandpaper

130-131. *Faites de l'alpinisme*: canteen or plastic bottle, apple; *optional* : walking stick (any stick or pole)

132-133. *Préparez votre petite déjeuner*: coffee maker, croissants, baguette, butter, jam, sugar, milk (R, P or empty containers), refrigerator (R, P or cabinet), teaspoon, knife, napkin, drawer (R or P), plate, cup, saucer, cupboard (R or P), table

134-135. *Un costume pour le carnaval*: store (P or area of the classroom), Harlequin jacket, pants, wide felt hat (R, P or paper), black paper and crêpe paper *for each student*, tape measures and scissors *(for each pair of students* if possible), needles, thread, baton

136-137. *Le réveillon de Noël*: plates, knives, forks, spoons, napkins, glasses (or cups), roast turkey (stuffed paper bag), chestnut purée (R or P), food (plastic), Christmas cake in the form of a yule log (R or P)

Vive l'action! ➔ *Action English Pictures*

**CORRESPONDANCES DE PAGES
(PAGE CORRESPONDENCES):**

Vive	AEP	Vive	AEP	Vive	AEP	Vive	AEP
2-3	13	36-37	41	66-67	28	98-99	11
6-7	16	38-39	64	68-69	10	102-103	104
16-17	24	44-45	70	70-71	61	106-107	47
18-19	88	48-49	48	72-73	29	116-117	59
22-23	54	50-51	40	76-77	44	120-121	26
24-25	12	52-53	30	78-79	78	122-123	43
26-27	76	58-59	9	82-83	58	136-137	73
28-29	8	60-61	57	86-87	62		
30-31	25	62-63	14	90-91	103		
34-35	38	64-65	42	92-93	63		

TPR IS MORE THAN COMMANDS — AT ALL LEVELS
2nd Edition
Contee Seely & Elizabeth Kuizenga Romijn

How to go from zero to correct spoken fluency with TPR. Very practical, with many examples. For ESL and foreign language teachers alike. About 25% of the book consists of exercises based on action series in *Live Action English*, demonstrating how to use the content of the series to bring about the acquisition of tenses and various structures.

Total Physical Response is generally thought to be only the use and performance of commands. And many consider it to be useful only at beginning levels of language acquisition. This book shows how Professor James Asher's approach can be used to teach a variety of language skills and structures at all levels. Among the many very practical features are:

- 7 ways to teach *tenses* and *verb forms*
- How to develop *fluency* and *connected discourse*
- Numerous examples in detail of how to bring about the *natural acquisition* of each of a variety of specific *grammatical structures* and of *idioms* and expressions
- *4 basic types* of TPR exercises
- A clear and detailed description of Blaine Ray's breakthrough *TPR Storytelling*, through which students unfailingly achieve fluency appropriate to their level
- Abundant practical *tips* and fine points of TPR
- A variety of *written exercises*, including the extremely productive *TPR Dictation*
- Overcoming *problems* typically encountered in the use of TPR
- Lists of (1) TPR *materials*, (2) *sources* of them and (3) TPR *presenters*

FLUENCY THROUGH TPR STORYTELLING:
Achieving Real Language Acquisition in School
2nd Edition
Blaine Ray & Contee Seely

The definitive treatment of TPR Storytelling by the originator, Blaine Ray, and Contee Seely. TPR is used to teach vocabulary from day one throughout four years. Many other effective techniques come into play at various stages. After 15 to 30 class hours, storytelling begins. Within 10 to 20 more hours, students are speaking the target language without ever having memorized anything, and their fluency is developing daily. Teachers love what their students can do. Students do too. This book shows how to keep students acquiring with fascination at every level. Beware! It may change your expectations of what students can accomplish in the classroom and make language teaching more exciting and fulfilling than ever.

DISTRIBUTEURS DISTRIBUTORS

Midwest European
  Publications
915 Foster St.
Evanston, IL 60201-3199
(847) 866-6289
(800) 380-8919
Fax (847) 866-6290
info@mep-eli.com
www.mep-eli.com

Miller Educational
  Materials
P.O. Box 355
Buena Park, CA 90621
(800) MEM 4 ESL
Fax (714) 562-0237
MillerEdu@aol.com
www.millereducational.
  com

Tempo Bookstore
4905 Wisconsin Ave.,
  N.W.
Washington, DC 20016
(202) 363-6683
Fax (202) 363-6686
Tempobookstore@usa.net

Multi-Cultural Books
  & Videos
28880 Southfield Rd.,
  Suite 183
Lathrup Village, MI
  48076
(248) 559-2676
(800) 567-2220
Fax (248) 559-2465
service@multiculbv.com
www.multiculbv.com

Educational Showcase
3519 E. Ten Mile Rd.
Warren, MI 48091
(810) 758-3013
(800) 213-3671
Fax (810) 756-2016

Carlex
P.O. Box 81786
Rochester, MI 48308-
  1786
(800) 526-3768
Fax (248) 852-7142
www.carlexonline.com

Continental Book Co.
625 E. 70th Ave., Unit 5
Denver, CO 80229
(303) 289-1761
Fax (800) 279-1764
esl@continentalbook.com
www.continentalbook.
  com

Berty Segal, Inc.
1749 Eucalyptus St.
Brea, CA 92621
(714) 529-5359
Fax (714) 529-3882
BertySegal@aol.com
www.agoralang.com/
  tpr-bertysegal.html

The English Resource
15-15-2F Matsugae-
  cho
Sagamihara-shi,
  Kanagawa-ken
JAPAN 228
Tel 042-744-8898
Fax 042-744-8897
resource@twics.com

Calliope Books
Route 3, Box 3395
Saylorsburg, PA 18353
Tel/Fax (610) 381-2587

Authors & Editors
10736 Jefferson Blvd.
  #104
Culver City, CA 90230
(310) 836-2014

Sosnowski Language
  Resources
58 Sears Rd.
Wayland, MA 01778
(508) 358-7891
Fax (508) 358-6687
sosnow@ma.ultranet.
  com

Centro de Línguas
  Positivo
Av. Sen. Accioly Filho,
  1021
CIC - Curitiba - Paraná
BRAZIL
CEP 81310.000
(041) 316-7770
Fax (041) 316-7777
diretoria_franquias
  @positivo.com.br
www.positivo.com.br

Canadian Resources
  for ESL
15 Ravina Crescent
Toronto, Ontario
CANADA M4J 3L9
(416) 466-7875
Fax (416) 466-4383
Thane@interlog.com
www.interlog.com/
  ~thane

European Book Co.
925 Larkin St.
San Francisco, CA
  94109
(415) 474-0626

Gessler Publishing
P.O. Box 2798
Roanoke, VA 24001
(540) 345-1429
(800) 456-5825
Fax (540) 342-7172
gesslerco@aol.com
www.gessler.com

BookLink
465 Broad Ave.
Leonia, NJ 07605
(201) 947-3471
Fax (201) 947-6321
booklink@intac.com

Delta Systems, Inc.
1400 Miller Parkway
McHenry, IL 60050
(815) 36-DELTA
(800) 323-8270
Fax (800) 909-9901
custsvc@delta-systems.
  com
www.delta-systems.com

SpeakWare
2836 Stephen Dr.
Richmond, CA 94803
(510) 222-2455
leds@speakware.com
www.speakware.com

International Book
  Centre
2391 Auburn Rd.
Shelby Township, MI
  48317
(810) 879-8436
Fax (810) 254-7230

World of Reading, Ltd.
P.O. Box 13092
Atlanta, GA 30324-
  0092
(404) 233-4042
(800) 729-3703
Fax (404) 237-5511

Athelstan
2476 Bolsover,
  Suite 464
Houston, TX 77005
(713) 523-2837
Fax (713) 523-6543
barlow@athel.com
www.athel.com

Sky Oaks Productions
P.O. Box 1102
Los Gatos, CA 95031
(408) 395-7600
Fax (408) 395-8440
TPR World@aol.com
www.tpr-world.com

Edumate
2231 Morena Blvd.
San Diego, CA 92110
(619) 275-7117
Fax (619) 275-7120
GusBla@aol.com

Alta Book Center
14 Adrian Court
Burlingame, CA 94010
(650) 692-1285
(800) ALTA/ESL
Fax (650) 692-4654
Fax (800) ALTA/FAX
info@altaesl.com
www.altaesl.com

Multi-Cultural Books
  & Videos
12033 St. Thomas
  Crescent
Tecumseh, ONT
CANADA N8N 3V6
(519) 735-3313
Fax (519) 735-5043
service@multiculbv.com
www.multiculbv.com

Applause Learning
  Resources
85 Fernwood Lane
Roslyn, NY 11576-1431
(516) 365-1259
(800) APPLAUSE
Toll Free Fax
  (877) 365-7484

Teacher's Discovery
2741 Paldan Dr.
Auburn Hills, MI 48326
(800) TEACHER
(248) 340-7210
Fax (248) 340-7212
www.teachersdiscovery.
  com

Continental Book Co.
80-00 Cooper Ave. #29
Glendale, NY 11385
(718) 326-0560
Fax (718) 326-4276
hola@continentalbook.
  com
www.continentalbook.
  com

| À UTILISER EN RELATION AVEC *VIVE L'ACTION* et TOUTES LES VERSIONS DE LANGUES DIFFÉRENTS | FOR USE WITH *VIVE L'ACTION* and VERSIONS IN ALL OTHER LANGUAGES! |

Action English Pictures, avec des dessins adorables et d'une précision d'expert, par Noriko Takahashi. Texte de Maxine Frauman-Prickel. Un outil précieux pour les professeurs : 66 sequences d'images et 7 modèles d'exercices à reproduire, pour élèves/étudiants de tout âge. 37 séquences d'images correspondent exactement aux séries de commandes de *Vive l'action!* À utiliser de différentes façons: pour aider la mémorisation, les enchaînements, comme soutien aux correspondances et aux descriptions... La série « Occupez-vous d'un bébé » est présentée pages 50-51 de *Vive l'action!* 1999 120 pages

Action English Pictures, with delightful and precise expert drawings by Noriko Takahashi and text by Maxine Frauman-Prickel. A teacher resource with 66 duplicatable picture sequences and 7 reproducible model exercises for use with beginning and intermediate students of all ages. 37 of the picture sequences follow exactly the series of commands in *Vive l'action!* Useful in many ways: as memory aids, for sequencing, matching, descriptions... Shown above is "Occupez-vous d'un bébé" from pages 50-51 of *Vive l'action!* 1999 120 pages

À COMMANDER CHEZ / AVAILABLE FROM:

Alta Book Center
14 Adrian Court
Burlingame, CA 94010
(650) 692-1285 or (800) ALTA/ESL
Fax (650) 692-4654 or (800) ALTA/FAX
info@altaesl.com
www.altaesl.com

NON disponible au / **NOT** available from
Command Performance Language Institute

VIVE L'ACTION!
Live Action French

A TEXT WITH SPECIAL CHARACTER AND PLAYFUL CHARM
The text that shouts out: **"Hey! This is fun! Let's do it!"**

Over 50,000 copies of the English version (*Live Action English*) sold world-wide! The first student/teacher book based on James J. Asher's stimulating and effective **Total Physical Response (TPR)** approach to language acquisition. With a foreword by Asher, the book contains 68 lively "happenings" (illustrated series of commands, provided in both the *vous* and the *tu* forms) for use with students of all ages in beginning, intermediate and multilevel classes.

This **Millennium Edition** features three brand new lessons (pp. 40-41, 84-85 and 126-127), a complete list of props used in each sequence and updated information for the teacher about how to use the book most productively at the elementary, secondary, college and adult levels. Contains much practical colloquial language not found in other texts and is carefully adapted to the French milieu, with several lessons written specifically for *Vive l'action!*

Generates motivation by giving students a feeling of what real communication in French is like. Every student actually gives commands and physically responds to them — real communication — **the student's own words have power**! Elicits emotional responses through the intermingling of words and actions. Produces a sense of amused delight in students — a real satisfaction in communicating in their new language.

Contee Seely received the
Excellence in Teaching Award presented by the
California Council for Adult Education

Versions in Spanish (*¡Viva la acción!*),
English (*Live Action English*), German (*Lernt aktiv!*),
Italian (*Viva l'azione!*) and Japanese (*Iki Iki Nihongo*)
are available.
See page 152 for list of distributors.

Two Great Companion Volumes Available:

TPR IS MORE THAN COMMANDS—AT ALL LEVELS. By Contee Seely & Elizabeth Kuizenga Romijn. Shows how to use *Vive l'action!* to teach tenses and grammar. Much more too. See page 151.

ACTION ENGLISH PICTURES. Illustrated by Noriko Takahashi. Text by Maxine Frauman-Prickel. Useful in many ways with *Vive l'action!* See the description and illustration on the next-to-last page and the list of 37 lessons common to both books on page 150. Available from Alta Book Center.

Command Performance Language Institute

ISBN 0-929724-02-X